Billie'nin Yaramazlıkları

Başını salladı. Yanağından süzülen yaşları gördüm. "Özür dilerim," dedi. "Ağladığım için yani. Çok aptalca".

"Ağlaman beni rahatsız etmez," dedim. Artık rahat rahat ağlayabilirdi. İnsanın bir ablası olmasının hiç de kötü bir şey olmadığını düşündüm...

Billie'nin Yaramazlıkları

Özgün Adı
Billie And The Parent Plan

First published in 2005 by Usborne Publishing Ltd., Usborne House, England

Çeviren
Sinan Ezber

Görsel Yönetmen
Birol Bayram

ISBN: 975-458-855-4

1. Baskı: 2000 adet, Eylül 2006
Genel Yayın Numarası: 1031

Baskı
ŞEFİK MATBAASI
(0212) 472 15 00
Marmara Sanayi Sitesi M Blok 291
İkitelli 34306 İstanbul

TÜRKİYE İŞ BANKASI KÜLTÜR YAYINLARI
MEŞELİK SOKAĞI 2/3 BEYOĞLU 34433 İSTANBUL
Tel: (0212) 252 39 91 Fax: (0212) 252 39 95

Billie'nin Yaramazlıkları

Yazan Ann Bryant
Çeviren Sinan Ezber

TÜRKİYE İŞ BANKASI
Kültür Yayınları

ANN BRYANT'IN
DİĞER KİTAPLARI

Bale Düşleri:

Poppy'nin Gizli Dileği
Jasmine'in Şans Yıldızı
Rose'un Önemli Kararı
Dans Eden Prenses

1 Sonun Başlangıcı

Benim adım Billie Stubbs. Aslında, doğruyu söylemek gerekirse adım *Millie* Stubbs... Ancak dört yaşındayken ağır bir nezleye yakalanmıştım ve yine burnumun tıkalı olduğu bir gün gazetecideki bir hanım adımı sormuştu. Ben de Millie demeye çalışmıştım, ama ağzımdan *Billie* çıkmıştı. Eğer burnunuzu tıkayıp bunu söylemeyi denerseniz ne demek istediğimi daha iyi anlarsınız. Gazetecideki hanım, "Ah, ne kadar hoş bir isim! Daha önce hiç adı Billie olan bir kız duymamıştım!" demişti. Bunun üzerine o gün akşama dek bu adı denemiş, annemden de bana Billie demesini istemiştim. Ertesi sabah kalktığımda bu ad hala kulağıma hoş geliyordu, böylece herkesin beni Billie diye çağırmasını sağladım ve adım böyle kaldı.

Size kendimi tanıtayım. On yıl üç yüz kırk dokuz gün önce doğdum, yani neredeyse on bir yaşındayım. Yaşıma göre fazla büyük sayılmam, mavi gri karışımı gözlerim ve kollarıma kadar uzanan koyu kahverengi saçlarım var – tabi kısa kollu giydiğimde. Tıpkı şimdi olduğu gibi. Bu giydiğim uzun, dar, koyu altın renginde, etrafımda hızla döndüğüm zaman etek kısmı da benimle beraber dönen parlak bir elbisenin bir parçası. *Onun* ve Victoria'nın yanımızda olmadığı o ender zamanların birinde, bu elbiseyi annemle birlikte seçmiştik. Elbette annem elbiseyi *onun* için denememi istedi ve bu elbisenin içinde bir film yıldızı gibi göründüğümü söyledi. Ne kadar da saçma! Daha on bir yaşında olmayan biri nasıl olurdu da bir film yıldızı gibi görünebilirdi? Çok, çok yakın bir zamanda üvey ablam olacak olan on sekiz yaşındaki Victoria bana o yapışkan öpücüklerinden birini kondurdu ve çok lezzetli göründüğümü söyledi. Ne kadar da gülünç! İşte böyle; şimdi bakışlarımı annemin başının arkasına dikmiş bir biçimde Nikah Dairesi'nin tahta gibi sert koltuğuna oturuyor ve kendimi kremalı turta gibi hissediyorum. Harika!

Bu korkunç bir gün. Fakat elbise yüzünden değil. *Onun* yüzünden.

Quentin!

Koltuğun sert olması umurumda bile değil. Bir yandan Caroline Nine'nin parfümünün burnumun direğini düşürmesine, diğer yandan Victoria'nın ruj kokulu nefesiyle durmadan kulağıma bir şeyler fısıldamasına da aldırmıyorum. Tamamen annemin başının arkasına yoğunlaştığımdan aklımda bunları düşünmeye yer yoktu. İşte bu yüzden, en iyi arkadaşım Archie'nin bana anlattığı, düşünce akışı diye adlandırılan bir şeyi uygulamaya çalışıyorum, belki bu yolla annemin, Quentin ile evlenmekten vazgeçmesi için son şansı olduğunu anlamasını sağlayabilirim. Bu senin son, ama son şansın anne...

"Siz, Emma Stubbs, Quentin Taylor Crawford'u yasalar çerçevesinde eşiniz olarak kabul ediyor musunuz?.."

Lütfen hayır de, anne. Bunu demelisin. Ailemizi olduğu gibi seviyorum. Lütfen hayır de. DE! HAYIR DE!

"Evet, ediyorum."

Başımdan aşağı kaynar sular döküldü, sanki tüm bedenim eriyip yok oldu. *Anne!* Sen ne yaptın?

Onlar birbirlerine gülümserken ben kanım donmuş bir şekilde bütün bunların nasıl başladığını düşünüyordum.

Annem Somerset'teki o akşam yemeği partisine gitmeseydi, her şeyden önce Quentin ile tanışmayacaktı. Ben de dünyanın en sıkıcı, en modası geçmiş *gibi görünen* üvey babamla birlikte dünyanın en üzgün, en somurtkan insanı gibi burada oturuyor olmayacaktım. Nikah Dairesi'nin camından dışarıya bakıp düş kurmaya başladım. Eğer Quentin'le ben hayvanlar aleminde yaşıyor olsaydık, ben siyah beyaz renklerde küçük bir şempanze, o ise üstü başı pislik içinde, gri kürklü yaşlı bir gelincik olurdu. Birbirimizden bu kadar farklıyız işte. Ancak son umudum da yok olup gitti.

Kendimi bildim bileli düş kurar, düş baloncuklarının içine dalarım; yeni bir babaya sahip olmayı sanırım ilk kez beş yaşındayken düşledim. Okulda onun resimlerini çizerdim, fakat resim dersi en başarısız olduğum ders olduğundan hiç de güzel olmazlardı. Yalnızca bulut ve koyun çizimlerime güzel diyebilirim.

(Altında dört bacağı olan her bulut birer koyundur.)

Ancak bir gün, daha doğrusu annemin Veliler Gecesi'ne gittiğinin ertesi günü, annem bana hiç tıpkı diğer çocuklar gibi bir baba isteyip istemediğimi sordu. Bunun üzerine Miss Pope'un anneme, çizdiğim baba resimlerini gösterdiğini tahmin ettim ve ona resimleri beğenip beğenmediğini sordum. Annem gözyaşlarına boğuldu. Buna bir anlam veremedim çünkü ortada üzülecek hiç bir şey yoktu. Sonra tekrar bir baba isteyip istemediğimi sordu. Ben de, "Birazcık," dedim, çünkü "hayır" demenin kabalık olacağını düşünmüştüm, gerçek bu olsa bile. Görüyorsunuz ya, çok küçüktüm ve niçin bir babamın olmamasına aldırmayışımı açıklayamıyordum, çünkü annem vardı. Gerçek babamı hiç görmemiştim, aslında o da beni hiç görmemişti çünkü ben doğmadan ölmüştü. Düşsel baba yalnızca düş baloncuklarımda yaşıyordu. Eğlence için. Ancak annem gerçekti. Beni kucaklayan, benimle oyun oynayan hep oydu. Dört yaşında oynadığımız oyunlar hala aklımda. *Yataktan kalkma* oyunu, *giyinme* oyunu ve *kahvaltı etme oyunundan* tutun da, *gece hangi masalı anlatacağımı tahmin et oyununa* dek bir sürü oyunumuz vardı.

Büyüdükçe düş baloncuklarımdaki babayı daha iyi tanır oldum; sekiz yaşına geldiğimde bu babanın üzerinde koşu şortu ile tişört vardı ve formunu korumak için jimnastik yaptığından biraz terlemişti. Sonra bu baba, koşuya benimle beraber devam etmek için eve gelirdi, çünkü ikimiz de bundan çok hoşlanırdık. Ben oldukça iyi bir koşucuyumdur - yalnızca düşlerimde değil, gerçek yaşamda da başarılıyım - üstelik bu yeni baba antrenmanlarda bana yardımcı olma konusunda hayli istekliydi.

Bu antrenman düşümü bir parça kağıda yazdım ve kağıdı içinde diğer düşlerimin, düşüncelerimin yazılı olduğu çekmecedeki özel kutuma koydum. Kutum artık doldu, çünkü Quentin ve Victoria'nın *bizim* evimizde yaşadığı şu son üç ay boyunca pek çok şey değişti. Düş baloncuklarının dünyasına çok daha fazla daldığımdan, her zamankinden daha fazla yazacak şeyim oluyordu. Anlıyorsunuz değil mi, şu an gerçekten yeni bir baba istiyorum.

Fakat artık çok geç. O güzel, kocaman düş baloncuklarım bir daha gelmemek üzere patlayıp yok oldu, çünkü annem gidip yapılacak en saçma şeyi yaptı ve Quentin ile evlendi. Tabi ki de insanlara onun benim babam olduğunu söylemeyeceğim. Hatta yeni bir üvey babam olduğunu bile söylemeyeceğim. Aslında hiç kimseye hiçbir söz etmeyeceğim.

Annemin gelinliği takım elbiseye benziyor.

Eteği yere kadar uzanan, ten rengi bir gelinlik bu. Annemin bütün o göz alıcı mücevherleriyle bugün çok hoş göründüğünü itiraf etmeliyim. Quentin ise insanın içini daraltıyor. Gri, çizgili bir damatlığı var.

Birden uzun zamandır bir düş baloncuğunun içinde olduğumu fark ederek istem dışı olarak şiddetli bir biçimde ürperdim. Bunun üzerine Victoria tıpkı bir bebekmişim ya da çocukmuşum gibi elimi tuttu.

"Çok duygusal bir an, değil mi Billie?"

Karşılık vermedim. Victoria ile beraber olmak insanın sinirlerini bozuyor, çünkü biraz on sekiz yaşında olduğu, biraz da ablam olduğunu sandığı için, kendisini benim hakkımda her şeyi bilen, duygularımı anlayan, akıllı biri olarak görüyor. Fakat ben bir üvey babayı ne kadar istemiyorsam, bir ablayı da o kadar istemiyorum.

Victoria bizim evimizde yaşamaya başladığından beri sürekli düşüncelerimi onunla paylaşmamı istiyor, ancak düşüncelerim bana özel ve onları hiçbir zaman *hiç kimseye* anlatmamın olanağı yok; bu yüzden kesinlikle *ona* da anlatmayacağım. Victoria'nın neden olduğu sinirlerimi bozan diğer bir şey ise bana sarılması. Hatta bu korkunç nikah yüzünden duygulandığımı düşündüğünden şimdi de sarılıyor. Bu da beni hiçbir şekilde anlamadığını kanıtlıyor.

"Bu nikah seni biraz duygulandırıyor, değil mi Billie?"

"Hayır."

Bunu fısıldayarak demiştim, ama duydu.

"Kulağım sende, tatlım!"

Bunun üzerine beni öptü. Rujunun yapışkanlığını yanağımda hissettim. O görmeden bunu temizlemeye çalışırken Caroline Nine'nin kolunu bana doladığını fark ettim ve kendimi onun o kocaman göğüslerinin birisinin altında ezilirken buldum.

"Ne hoş, değil mi canım?"

Hem ağzımı oynatamadığım, hem de karşılık vermekten bıkmış olduğum için bir şey demedim. Bu sırada beynimde şimşek gibi bir düşünce çaktı. Hani içinizde kafanızı kurcalayan kötü bir his varken, beyninizde sizin farkında olmadığınız; fakat uzun zamandır orada olan ve size huzursuzluk veren, sonra aniden aklınıza gelip korkuyla ürpermenize neden olan türden bir düşünceydi bu.

Şimşek gibi çakan düşünce şuydu... Victoria ile annemin kıkırdayarak büyük olasılıkla yarınki gazetede Quentin ile annemin nikah fotoğrafının çıkacağını konuştuklarını duydum. Başta, gerçekten de bunda bir sorun olduğunu düşünmemiştim. Ancak şimdi bunda son derece büyük bir sorun olduğunu görebiliyorum, çünkü eğer birisi bu fotoğrafı görecek olursa insanlar Quentin'in benim yeni üvey babam olduğunu öğrenecek ve ben bunu inkar edemeyeceğim. Üstelik sınıfımda bu resmi kesinlikle *görmemesi* gereken biri var. Hiçbir zaman görmemesi gereken. Onun adı Liam. Liam Compton. Liam bu resmi görecek olursa yaşamım iyice alt üst olur. Aslında böyle bir şey olursa o zaman yaşamanın bir anlamı kalmaz.

Ah bu düşünce! Git buradan! Git!

Beni yalnız bırak!

2 Annemdeki Değişiklik

Şu son üç buçuk gün korkunç geçti. Victoria'nın beni sürekli öpmesine, kucaklamasına ve 'tatlım, meleğim' diye çağırmasına katlanmak zorunda kaldım. Ayrıca annem ve Quentin mini balayı diye adlandırdıkları yere gittiklerinde Victoria'nın banyoya astığı ip gibi, küçücük külotlarını seyretmek zorunda kaldım. Gerçi annemler döndüklerinde her şey daha da kötüye gitti. İnanmazsınız, annem ile Quentin salon dansları öğrenmeye başladılar; mutfak, oturma odası, merdiven sahanlığı demeden her yerde dans edip duruyorlar. Mobilyaları bir kenara çekip modası geçmiş şarkıları çalıyorlar ve yüzlerinde aptalca bir gülümseme ile çene çeneye veriyorlar. Sonra da kollarını kavuşturup ani dönüşler yapıyor ve bu sırada alçak sesle ritim tutuyorlar. Sanırım dıştan çok güzel göründüklerini sanıyorlar, ama aslında bu son derece utanç verici bir durum.

Dünyadaki en iyi arkadaşım Archie Griggs'e çılgınlar gibi yakınıp duruyorum. Archie ve ben anaokulundan beri arkadaşız. Onu niçin bu kadar sevdiğimi insanlara açıklamak zor oluyor. Sanırım bunun nedeni hem sürekli birlikte olmamız, hem de birbirimize gerçekten alışmış olmamız, bir de Archie'nin yanında rol yapmak zorunda olmayışım var tabii – erkek çocuklardan hoşlanmak, ya da saçıma başıma özen göstermek gibi. Bu, bütün erkekleri bütün kızlara tercih ettiğim anlamına gelmez, çünkü etmiyorum. Archie yalnızca hoş bir çocuk, hepsi bu.

Archie'ye nikahın ne kadar korkunç geçtiğinden bahsettim. Ayrıca annem ile Quentin'in birbirleriyle nasıl tanıştıklarını anlatıp, bıkmadan aileleri hakkında konuştukları için töreni nasıl bir felakete dönüştürdüklerini anlattım. Tören sırasında kulaklarımı tıkamak istemiştim, çünkü annemin Victoria ile Quentin bizim aileden değilken öyleymiş gibi konuşmasını dinlemekten nefret ediyordum. İşte benim annem böyle bir hain.

"Burada her şey tam bir felaket," diye yakındım Archie'ye cumartesi sabahı telefonda.

"İşler yoluna girene kadar hiçbir şeye kulak asma," dedi Archie yalnızca. Daha sonra en son aldığı bilgisayar oyununu anlatmaya koyuldu.

"Bu oyun harika, Billie! Öğlen yemeğe geldiğinde görürsün."

"Öğlen yemeğe mi geliyorum?"

"Evet, birazdan annem annenden izin alacak. Bu yüzden telefon ettim."

Bu duruma çok sevinmiştim, çünkü Archie'nin evine gitmek hoşuma gidiyordu. Özellikle bu sıralar daha da çok hoşuma gidiyordu, böylece kendimi içinde *genç* insanlar olan doğru dürüst bir evdeymiş gibi hissediyordum.

"Annen haftalık gazeteyi aldı mı, Arch?"

"Bilmem. Neden sordun?"

"Annem aldı da. İçinde annemle Quentin'in yakından çekilmiş bir nikah fotoğrafı var."

"Ah, tamam."

"Anlamıyor musun Arch? Liam o fotoğrafı görebilir! Ve eğer görürse pazartesi günü benimle uğraşmaya başlayacak, üstelik yalnız o da değil, bütün çete ona katılacak."

Sen de aldırmıyormuş gibi davran. Böylece sıkılıp seninle uğraşmaktan vazgeçer."

"Peki ya..."

Az kalsın Archie'ye geçen gün kentte gerçekleşen korkunç olaydan bahsedecektim, fakat henüz bu konu hakkında konuşamazdım. Bu olay, annemle Quentin'in evliliklerini Liam'dan gizlemek isteyişimin *gerçek* nedeniydi. Belki bu konuyu ona öğle yemeğinden sonra açabilirdim. Birilerine anlatmazsam çatlardım. Bu olayı içime atmak çok korkunçtu.

"Peki ya ne?"

"Yok bir şey."

"İyi o zaman, telefonu annene ver, ben de benimkini çağıracağım."

Bunun üzerine dediğini yaptım. Annem Archie'nin annesiyle konuşurken gözlerini ayırarak elindeki zarfı bana doğru salladı. Bu, *"Dur hemen gitme, bu mektubu benim için postalamanı istiyorum"* anlamına geliyordu.

Posta kutusu, yüz elli iki buçuk metre uzaklıktaydı. Bu uzaklığı biliyorum, çünkü bir keresinde Archie şerit metre ile ölçmüştü. O gün tatil zamanı olduğundan canımız sıkılmış ve bir takım farklı şeylerin özelliklerini tahmin edip en yakın tahmini yapmaya çalışmıştık. Ben, posta kutusunun kırk yedi metre uzaklıkta olduğunu tahmin etmiş, dolayısıyla kaybetmiştim. Fakat daha sonra posta kutusuna kadar bir yarış yaptık ve çok iyi bir koşucu olduğum için ben kazandım.

Bir keresinde, birinci sınıftayken elli metre koşularını kazandığımda annem bana bu yeteneğimi babamdan aldığımı söylemişti, dediğine göre o da hızlı bir koşucuymuş. O gün anneme babamın beni Yarış Günü'nde izlemeye gelip gelmeyeceğini sormuştum; o da elimi sıkıca kavrayıp babamın gelemeyeceğini, çok uzak bir ülkeye gittiğini söylemişti. Anneme babamın tekrar dönüp dönmeyeceğini sorduğumda ise üzgün bir sesle, 'Hayır,' demişti. Bunu sormuştum, çünkü babamın birdenbire ortaya çıkıp da iki kişilik mutlu ailemizi mahvetmesini istemiyorum. Fakat şimdi keşke o zamanlar duygularımı daha açık bir biçimde dışa vursaydım, diyorum. Belki o zaman annem yeniden evlenmeden önce durup bir kez daha dikkatlice düşünebilirdi. Özellikle de yabancı *bir adamla* evlenmeden önce.

Annem telefonu kapatıp zarfı elime verdiğinde, düş baloncuğumda olimpiyatlarda koştuğumu hayal ediyordum. Eğer gerçekten sıkı bir biçimde çalışırsam bir gün olimpiyatlarda koşmamam için bir neden olmadığını düşünüyordum. İşte böyle, birinci sınıftan beri kendimi bu konuda geliştirdim, hatta bir keresinde koşu yarışlarında okulu ben temsil ettim. Bu, aklıma bir fikir getirdi.

"Ben oraya gidip gelirken dakika tutar mısın anne?"

Ama tam o sırada annemin de aklına bir şey geldi. "Ah! Çekil yolumdan Billie!" Beni yana doğru itip koşarak mutfağa daldı. "Patatesleri unuttum. Kaynaya kaynaya buhar olmuş olmalılar..."

Hemen onun ardından mutfağa girdim. Annem gazı kapamak için tezgaha doğru hamle yaptığında kazayla bir kavanoz reçeli yere düşürdü. Her yere küçük, kırmızı baloncuklar saçıldı. Annem oflaya puflaya yerleri sildi.

"Iyy, her yer yapış yapış oldu, hayatta çıkmaz bu," diyordu elindeki bezi sıkarken.

Ancak benim aklımda koşu ve antrenman vardı, hala vazgeçmemiştim. "Yapacak mısın anne?"

"Ne?"

"Dakika tutacak mısın?"

Annemin kulağının bende olmadığını söyleyebilirim, çünkü yalnızca, "Hazır, dikkat, koş!" dedi.

"Fakat ben hazır değilim... bekle de kapının önüne çıkayım. Hem daha saatine bile bakmadın."

"Acele et o zaman. Burada yemek hazırlamaya..." bunu söylerken yanaklarının kızardığını fark ettim. Sonra sesi alçaldı. "Şey, Quentin ile tanışmamızın birinci yıldönümü de, o yüzden özel bir yemek hazırlamak istedim. Fırında patates pişiriyorum. En sevdiği yemek!" Kıkırdadı. "Bundan haberi yok. Onu meyve almaya yolladım, anladın değil mi?"

Bütün bunları bana niçin anlatıyordu? İlgimi çekeceğini mi düşünmüştü? Quentin, Mars çikolatası almak için Mars'a gitse bile umurumda değildi. Annemden istediğin tek şey, ben posta kutusuna kadar koşarken dakika tutmasıydı. Fakat bütün bunları unutup tekrar yerleri silmeye koyulduğundan iyice deliye dönmüştüm.

Quentin'in hatasıydı. Her şey Quentin'in hatasıydı. O burada yaşamaya başlamadan önce annem yere bir kavanoz reçel dökseydi, bu durumdan büyük olasılıkla bir oyun çıkarırdı. Küçük baloncuklara kısık gözlerle bakıp reçel damlacıklarının yerde oluşturdukları şekillerden bir insan, bir hayvan ya da başka bir şey çıkarmaya çalıştığını gözümün önüne getirebiliyorum. Sonra şekil çıkarma sırası bana gelirdi. Gördüğünüz gibi, annemin düş gücü en az benimki kadar büyüktür. En azından bir zamanlar öyleydi. Quentin'le benden daha fazla ilgilendiğinden artık böyle güzel oyunlar yaratmıyor. Bir keresinde sırf Quentin bize katılmayı denediği için böyle bir oyun yapmıştı, ancak Quentin'in düş dünyasıyla uzaktan yakından bir ilgisi olmadığı için hiç de zevkli bir oyun olmamıştı. Oyunu oynarken Quentin sürekli bana sırıtıp, "Çok komik, değil mi Billie?" diyordu, içinde bulunduğumuz durum gerçekten de öyleydi. Ben de kısık bir sesle, "Hiç de değil," dedim.

Kulağa komik gelse de Quentin hakkında birçok şey öğrendiğimi fark ettim, bu da annemi daha iyi tanımamı ve onu diğer annelerle karşılaştırmamı sağladı. Bu annelerden birisi de Archie'nin annesi Suky'ydi. Eğer benim annem Suky olsaydı, bundan çok gurur duyardım, çünkü tıpkı bir manken gibi görünüyor. Herhalde manken gibi bir anneye sahip olmak harika olurdu.

Annem yerdeki son reçel lekelerini ovalarken onu izliyordum. Sanırım içimdeki koşma isteği tamamen yok oldu. Arka kapıdan dışarı çıkarken anneme hoşça kal bile demedim. Zaten deseydim de duymazdı, çünkü tiz bir sesle şarkı söylüyordu: "Sen benim canım, sen kara sevdalım..."

Cık. Cık. Cık.

Ön bahçe kapısından geçmek için evin çevresini dolanırken kalbim daha hızlı atmaya başladı, adımlarımı yavaşlattım. Kapıyı hemen açmadım. Daha öncesinde yapmam gereken bir şey vardı. Gerçi bunu beşinci sınıftan beri her gün yapıyordum, fakat özellikle bu günlerde yapmam daha çok önem taşıyordu. Bahçe kapısının hemen yanında duran büyük saksının üzerine çıktım. Buradan yolun aşağı inen kısmını ve birazda yokuş kısmını görebiliyordum. Yoldan geçen ya da oralarda dolanan birileri varsa, onlar beni görmeden önce ben onları görüyordum.

Önce sağa, sonra sola, sonra tekrar sağa baktım. Son bir kez daha sola bakarak fırladım!

Ortalıkta Liam yoktu.

3 Zorbalık

Yol boyunca ilerlerken sürekli arkama dönüp Liam'ın beni takip edip etmediğini kontrol ettim. Sürekli birisinden kaçmaya çalışmak korkunç bir şey, ama başka çarem yok. Beşinci sınıftayken Archie benim erkek arkadaşımdı, Liam da bu yüzden benimle uğraşıyor, evimin etrafından ayrılmıyordu. Annesi Liam'ın istediği zaman dışarı çıkmasına izin veriyor ve onun hiçbir şeyine karışmıyor. Geçen hafta olanlar nedeniyle şu günlerde yine karşıma çıkacağından eminim – bu yüzden onun annemle Quentin'in gazetede çıkan nikah fotoğraflarını görmesini istemiyorum.

Geçen pazartesi korktuğum başıma geldi. Okulun bahçesinde otururken, Liam yüzünde kalbimin hızla atmasına neden olan küçümseyen bir ifade ile yanıma geldi.

"Tom anneni kentte görmüş. Yoksa annenin bir nişanlısı mı var?"

Son cümleyi söylerken, sanki insanlarla gezmek insanın teninde bulaşıcı lekelere yol açıyormuş gibi dudaklarını büktü. Tıpkı beşinci sınıfta olduğu gibi işler çığırından çıkmadan önce bir şeyler uydurmalıydım. Birden bir esinlenme geldi (bu, öğretmenimin kullanmayı en sevdiği sözcüktü ve artık ben de seviyorum). Ona Quentin'in akrabamız olduğunu, annemin yanında annem kapkaççıların saldırısına uğrayıp sarsıntı geçirdiği için gezdiğini söyledim.

Liam oldukça etkilenmiş bir şekilde bana baktığında kısa bir süre için de olsa çok mutlu ve zeki olduğumu hissettim, fakat o küçümseyen sesini tekrar duyduğumda tüm bu duygularım yok olup gitti.

"Anlamadım, akrabanız sizinle mi kalıyor?"

Bu soruya nasıl yanıt vereceğimi düşünürken beynimin içi aptalca fikirlerle doldu. İlk fikrim şuydu: *Archie gibi yap, Billie. Aldırmıyormuş gibi görün. Ona yalnızca "Bizimle birlikte yaşıyorsa ne olmuş? Bundan sana ne?" de.* Ancak bir süre sonra bu fikrin hiçbir işe yaramayacağını anladım, çünkü bütün çete sırıtarak Liam'ın çevresine toplanmıştı.

"Yalnızca bizi ziyarete geliyordu, tamam mı?" diyerek burun kıvırdım ve kalbimin deli gibi çarpmasına karşın yüzüme kocaman bir gülümseme kondurdum. Fakat o, bir şey dememişim gibi bana bakmaya devam edince kulağa daha ilginç gelecek bir şeyler söylemek için kendimi zorladım.

"Kendisi Avustralya'da yaşıyor da..."

"Ne!" dedi Liam; sonra arkadaşlarına dönüp Avustralya aksanıyla, "Ovs-tral-ya, ha?" dedi.

Gitgide kızardığımı hissettim, çünkü işleri düzelteyim derken daha da kötü bir hale sokmuştum. Bir daha kimsenin annemle Quentin'i görmemesini sağlamalıydım, aynı zamanda şu sıralarda kimsenin Quentin'i konuşurken duymamasını da sağlamalıydım. Bunun için daha sonra bir plan yapmam gerekecek. Ancak şimdi tek istediğim, Quentin hakkında Liam'ı etkileyecek ve bana öyle bakmasına son verecek gerçekten ilginç bir şeyler düşünmekti. Bunun üzerine Quentin'in yaptığı her şeyi bir bir aklımdan geçirdim.

Bir ofiste çalışıyor.

Koltukta oturuyor.

Gazete okuyor.

Sıkıcı.

Çalışma masasında oturuyor.

Mektup yazıyor.

Anneme yardım ediyor.

Sıkıcı, sıkıcı, sıkıcı.

Arabayı yıkıyor.

Çimleri biçiyor.

Kendi kendine söyleniyor.

Annem ve Victoria ile sohbet ediyor.

Dergileri karıştırıyor.

Dergileri karıştırıyor! Evet, harika!

Gözlerimin önüne büyük, parlak ve göz alıcı bir motosiklet geldi. Bu motosikleti, şu sıralarda mutfak masasından inmeyen bir derginin kapağında görmüştüm. Eğer Quentin o kadar yaşlı olmasaydı bütün gün dergilerde motosikletlere bakmak yerine onları gerçekten kullanabilirdi. Fakat en azından bu bana bir fikir verdi. Motosikletin adı kolayca aklıma geldi, çünkü onu çok sık görüyordum. Düşünmeye fırsat kalmadan sözcükler ağzımdan çıkıverdi, "Gelmesi çok iyi oldu aslında, çünkü Quen... akrabamızın zaman zaman birlikte binip gezdiğimiz bir Honda Goldwing'i var."

Bu sözlerimden sonra derin bir sessizlik olduysa da bir süre sonra Liam'ın gözlerindeki ışıltıyı fark ettim. Sırf bu yüzden, çok kısa bir süre için de olsa artık her şeyin yoluna girdiğini sandım. Ancak birdenbire bütün çete gülme krizine girdi, Liam'ın yüzünde ise kocaman bir gülümseme belirdi.

"Ciddi misin? Peki akraban onu ta Avustralya'dan buraya nasıl getirmiş?"

Benim aklım gerçekleri hesap edemiyor. Sanırım kafam yalnızca düşlere çalışıyor. Yine de bu durumda Archie'nin ne diyebileceğini düşündüm ve buldum.

"Gemiyle!" Liam'ın şimdi ne diyeceğini düşünürken ağzım iyice kurudu, keşke ona hemen yanımdan uzaklaşmasını söyleyecek cesaretim olsaydı.

"O zaman bana o *dandik makineyi* göstereceksin Billie, değil mi?"

Bu, bana söylediği son sözlerdi. Sesindeki o acımasız ses tonu hala kulaklarımda. Posta kutusunun bulunduğu Derwent Caddesi'ne saparken bu ses yüzünden bacaklarım titriyordu.

Az sonra kollarımdaki tüyler diken diken oldu, gözlerim yuvalarından fırlayacaktı sanki; çünkü o oradaydı, yolun sonunda. Liam, Isaac ile bir şeye tekme atıyor, Josh ve Tom da onları izleyip gülüyordu.

O beni görmeden yıldırım hızıyla sırtımı çitlere yapıştırdım. Çitlerin dikenli olabileceklerini düşünmemiştim, dikenli bir dal yanağımı çizip gözümü sıyırınca tekrar yola sıçradım. Zonk zonk zonklayan gözümle beraber yürüdüğüm yolu koşarak geçmekten başka yapacak bir şey yoktu. Tepemde yine korkunç düş baloncukları uçuşuyordu... *Ya Quentin elindeki meyvelerle gelirken Liam bizim eve gelirse? Tom, "Merhaba, siz Billie'nin akrabasısınız, değil mi?" derse?* En kötüsü de, *ya Liam, Quentin'e onun Honda Goldwing'ine bakmak istediğini söylerse?*

Dizlerim öylesine titriyordu ki artık koşamaz oldum, zaten tek gözüm de kapalıydı. Arka kapıya ulaşmak beni o kadar rahatlatmıştı ki paldır küldür içeri daldım ve mutfak zeminindeki bir yığının üzerine düştüm.

"Billie!" Annemin sesinde öfke ve şaşkınlık bir aradaydı. "Sorun nedir? Nerelerdeydin?" Gözü, hala sıkı sıkıya elimde tuttuğum mektubun üzerindeydi. Bunu tamamen unutmuştum.

Kendime düşünme zamanı vermek için yerden yavaşça kalktım ve çatık kaşları ve endişeli gözleriyle annemin dikkatle bana baktığını gördüm. "Senin gözüne ne oldu?"

"Şey, ben... çitin üzerinden kuş yuvasına bakıyordum ve... ve dikenli bir tel gözümü sıyırdı."

"Ah, tatlım, canın acımış olmalı..."

Çenemi tutup gözüme bakmak için yüzümü yana doğru çevirdi.

"Hiçbir şey göremeyince kendimi kör ettiğimi düşünüp eve geldim."

Bunun üzerine annem hafifçe kıkırdayarak beni öptü. "Hep oranı buranı sıyrık içinde bırakıyorsun tatlım!"

Sonra ışıl ışıl gözleriyle heyecanlı bir biçimde içeri Victoria girdi ve onu gören annem beni tamamen unuttu.

"Eee?" dedi kısık ve aptalca bir tonda. Sanki aralarında büyük bir sır vardı. "Şuna bir bak!"

Bunun üzerine Victoria havalı bir biçimde taşıdığı çantayı açarak, "Mavi olanını aldım!" dedi.

Elinde tuttuğu mavi şeyin iğrenç bir görünümü vardı; mayoya benziyordu, ancak hafif ve dantelli bir şey olduğundan yüzme için olmadığı belliydi.

"Çok tatlı, şekerim!"

Annem onu böyle çağırdığı zamanlar sinir oluyorum. Bu yaptığı, Quentin'i taklit etmekten başka bir şey değil, hem o Victoria'yı annemden daha uzun süredir tanıyor. İkisi de sinirlerimi bozduğundan ayaklarımı yere vura vura üst kata çıktım. Bu sırada annem gözümü hatırlamış olacak ki, "Ah, şekerim, bana bir iyilik yapıp ben masayı hazırlarken Billie ile ilgilenir misin? Kazara gözünü dikenli dal sıyırmış," dedi.

"Ah canım, kıyamam!" dedi Victoria bana yetişip. Kolunu boynuma dolamayı denedi, ancak bir hareketle kendimi onun kollarından kurtarıp saatin kaç olduğunu sordum. Kimsenin yaşlı, kimsenin havalı ve kimsenin yılışık, sırıtkan olmadığı Archie'lerin evine gitmek için daha fazla bekleyemezdim.

Victoria, yakan ve pis kokan bir mendille gözümü pansuman ederken yeni bir düş baloncuğunun içine daldım. Düşümde annem ve Quentin iki ay süren çok uzun bir balayına gidiyorlardı ve Archie'nin annesi bu iki ay boyunca onlarda kalmam için beni evlerine davet ediyordu. Victoria'nın ikide bir konuşup düşümü mahvetmesinin dışında bunları düşünmek harikaydı.

"Bunu nasıl becerdin, Billie?" Victoria gözlerini yüzüme o kadar yaklaştırmıştı ki, kirpiklerine sürdüğü maskaranın küçük topaklarını görüyordum.

"Kuş yuvasına bakarken."

"İyisin, değil mi?"

Karşılık vermedim. Düşlerime geri dönmek istiyordum.

"Seni Archie'lere bırakacağım, tamam mı?" Bunu dedikten sonra kıkırdadı.

Pöh! Az kalsın annemle *benim* yalnız kalmamız gerektiğini, çünkü o iki insan ortaya çıkıp her şeyi mahvetmeden önce her dakikamızın çok özel geçtiğini söyleyecektim. Fakat içimi kasıp kavuran bu düşüncelerin bana kalmasını istedim.

"Anlaştık mı tatlım?" diye sordu yeniden Victoria, ben yine karşılık vermedim.

Yalnızca başımı salladım, çünkü konuşacak halim yoktu. Ancak başımı sallayınca merhem gözbebeğimi iyice yaktı ve canım dalın gözüme girdiği anda yandığından daha fazla yandı.

Bunun üzerine Victoria, "Ah, özür dilerim canım! Tamamen benim suçum!" dedi ve yüzümün her yerine kocaman öpücükler kondurmaya başladı. "Şimdi yüzünü ılık suyla yıkayalım..."

Elimi çabuk tutup en yakınımdaki havluyu kaptım ve bu işi kendim hallettim. Tam yüzümü kurularken bendeki şu şansa bakın ki...

"Ah, işte babacığımız da geldi!"

O sırada kendimi zaten kötü hissediyordum, Victoria'nın ağzından bu sözler çıktığında tam anlamıyla deliye döndüm. Ön kapının açıldığını *ben* de duymuştum, ancak sinirlerim Quentin eve geldi diye değil, Victoria onu *babacığımız* diye çağırdığı için bozulmuştu. Bu çok çocukçaydı ve Victoria'nın iyice sulu görünmesine yol açmıştı. Şimdi neler olacağını biliyordum. Çok saçma, çok saçma sesleri eşliğinde olacakları aklımdan geçirdim. *Quentin annemi görmek için mutfağa girecek. Annem ona benim gözümden bahsedecek. Quentin gözüme bakmak için yanıma gelecek, gözümü yakından inceledikten sonra da 'Ne kadar tuhaf!' diyecek ya da buna benzer, o aptalca eski moda laflarından birini edecek.*

Bunların hiçbirinin gerçekleşmesine izin vermeyecektim; hemen elimdeki havluyu yere fırlatıp merdiven sahanlığına koştum. İşte tam bu sırada onu duydum. İnsana korku veren bir mırıltı. Bunu her zaman yapardı. Niçin filmlerde gördüğüm babalar gibi ıslık çalmıyordu? Archie'nin babasının mırıldandığına hiç tanık olmadım. O gerçekten ideal bir baba.

Quentin başını kaldırmış, holden bana bakıyordu. "Bir çitle kapışmışsın, Billie?"

Bu sözler beni iyice çileden çıkardı.

Onun hakkında bütün olumsuz şeyleri fark edebiliyordum, örneğin pantolonlarının ön tarafındaki ütü çizgileri. Niçin diğer babalar gibi kot pantolon giymiyordu? Bunun gibi birçok 'niçinler' düş baloncuğumun içinde dönüp duruyordu. *Elbiselerin üzerine çıkıp ütülerini bozduğumda ya da buna benzer şeyler yaptığımda beni niçin azarlamıyordu? Azarlama görevini niçin her zaman anneme bırakıyordu? Futbol maçı izlerken, tıpkı Neil'in yaptığı gibi niçin televizyona "Hakemm!" diye bağırmıyordu? Bunu bir yana bırakın, niçin hiç futbol maçı izlemiyordu?*

Bütün bu niçinli sorular baloncuğun içinde dönüp dururken bir tanesi birden ağzımdan kaçıverdi.

"Annem ve sen niçin bir tatile gitmiyorsunuz?"

Bunu söylediğime çok şaşırdım, fakat öyle sanıyorum ki Quentin benden daha çok şaşırdı. Şaşkınlıktan gözleri büyüdü, yanakları olduğundan daha fazla sarktı ve geriye doğru bir adım attı. "Şey... bir kez gittik... kısaydı... o yüzden..."

Bu sırada merdivenlerden inen Victoria onun sözünü kesti; sesindeki yumuşaklığı fark ettim.

"Billie'yi Archie'lere bırakıyorum, babacığım."

"Tamam, tamam. O zaman... şey... kendine iyi bak," birden bana gülümseyip göz kırptı, "*seni yaramaz vak vak.*"

"Çok sürmeyecek, seni tatlı ördek!" dedi Victoria. (Yanıt vermeyeceğimi bildiğine bahse girerim.) İkisi de aptal bir biçimde sırıtıyordu. Birisi görse bu uyakları kendilerinin uydurduklarını zannederdi!

Sonra Quentin ciddileşti. "Dikkatli kullan, şekerim!"

"Merak etme babacığım."

Victoria, babasına gülümseyip yanağını okşadı. Babacıklardan, agucuk gugucuklardan bıkmış usanmıştım, bunlardan hemen uzaklaşmam gerekiyordu. Neyse ki Archie ve onun iyi, normal ailesi vardı.

4 Ateş Topu

Archie'nin neden *benim* en iyi arkadaşım olduğunu biliyorum. Fakat bazen nasıl olup da onun beni en iyi arkadaşı olarak gördüğünü merak ediyorum.

Dördüncü sınıftayken, Archie gözlük takıyor diye alay konusu oluyordu, ancak kısa bir süre sonra herkes onun gözlüklerine alışınca bu aşağılama son buldu. Beşinci sınıfta, bu sefer de onun kız arkadaşı olduğum için alay konusu olmuş, fakat o bütün bunları görmezlikten geliyor gibiydi; işte tam bu sıralarda Liam'ın yeni hedefi ben oldum ve önemli bir şeyi fark ettim. Aslında Archie olanları *görmezlikten* gelmiyor, yalnızca aldırmıyordu. Bu yüzden Liam, Archie ile uğraşmaktan bıkıp bana sataşmaya başladı. Ben de aldırmıyormuş gibi yapmayı denediysem de işe yaramadı, çünkü aklımdan geçenleri yüz ifademden okuyabileceğiniz biriyim - en azından annem ben küçükken öyle derdi. Son zamanlarda bunu demediği doğru, şu sıralar bu gibi şeyleri konuşmuyoruz.

Archie, öğle yemeğinden önce bana yeni CD'sini gösterirken aklımdan bunlar geçiyordu.

"Bak, Billie. Tehlikeli türler. İki CD'de toplamışlar. İkinci CD'sini de almak için para biriktiriyorum." Ekranda bir orangutan resmi belirdi. "Görüyorsun değil mi, onlarla ilgili her türlü bilgiyi veriyor."

"Evet, ama, Archie, *sana* bir şey söyleyebilir miyim?"

Archie, söyleyeceğim şeyin heyecan verici

bir şey olacağını düşünmüş olmalıydı, çünkü biraz utangaç bir biçimde Liam ile arkadaşlarını bizim evin çevresinde gördüğümü ona anlatmaya başladığımda düş kırıklığına uğramış bir ifade takındı ve şöyle dedi, "Sana söylemiştim Billie, onları görmezlikten gelmelisin."

"Ancak sorun şu ki..." Bunun üzerine ona, Liam'a Quentin'in benim akrabam olduğunu söylediğimi anlattım. Son olarak da, "Eğer gazetedeki fotoğrafı görecek olursa ona yalan söylediğimi anlayacak, Archie. İşte o zaman felaket olur! Pazartesi sabahı okula gitmeye çok korkuyorum!" dedim.

"Neden? Ona yalnızca, eğer yalan söylemek istiyorsan buna hakkın olduğunu, bunun bedava olduğunu söyle."

"Ne! Böyle bir şey diyemem! Buna cesaret edemem! Beni öldürür!"

"O zaman hiçbir şey söyleme. Bütün bunlar

Liam'ı ilgilendirmez. O senin ne annen ne de baban."

Pek çok kişi, gözlük taktığı, her zaman düzenli, temiz biri olduğu, oldukça zeki olup bir o kadar da sakar olduğu, sporla arasının olmadığı ve en iyi arkadaşı bir kız olduğu için Archie'nin altıncı sınıftaki en sıradan çocuk olduğunu düşünüyordu. Fakat bence Archie'nin böyle konuştuğunu duysalar, aslında onun okuldaki en sıra dışı öğrenci olduğunu anlamakta gecikmezlerdi.

Birkaç dakika sonra Suky bizi öğle yemeği için aşağıya çağırdı. Grigges'ların mutfakları ortadan bir kemerle ikiye ayrılmıştı. Bir tarafta özel bir mutfak, diğer tarafta da yemek odası vardı. Archie'nin anne ve babası buraya yemek odası demek yerine 'yemek salonu' diyordu, aslına bakarsanız bir yetişkinin böyle demesi kulağa tuhaf gelmiyor, ancak her ne kadar bunun uygun kaçmadığını ona söylesem de Archie de böyle demeyi tercih ediyordu. Hatta bir keresinde, üçüncü sınıftayken hayat bilgisi dersinde bütün sınıfın önünde böyle demişti. Bunun üzerine herkes elleriyle ağızlarını kapatarak kıs kıs gülmüştü. Archie de her zamanki gibi bunu umursamamış, konusunu anlatmaya devam etmişti.

Masayı kurmasına yardım ederken, Archie'nin annesi Suky'yi izliyordum. Büyüdüğümde ona benzemeyi isterim doğrusu. O benim rol modelim. Suky uzun boylu, zayıf, kamburu çıkmamış, genelde kot pantolon ve spor giyinen, hemen hemen hiç makyaj yapmayan bir kadın. Victoria'nınkinin aksine, onun maskarasının topak topak olduğunu hiç sanmıyorum. Uçları gölgeli, kısa saçları var. Aynı zamanda Archie'nin babası da benim rol modelim, çünkü onun formunu koruması, genç görünmesi ve esprili konuşması hoşuma gidiyor. Archie'nin üç yaşındaki kız kardeşi Maisie ise kesinlikle benim için bir rol model *değil*, çünkü... şey, örneğin şu anda bir minderin üzerine oturmuş, tırnaklarıyla masanın üzerine yapışmış bir şeyi kazımaya çalışıyor. Kendini işine iyice kaptırdığından dilini dışarı çıkarmış, üstelik biraz da burnu akıyor. Yine de sevimli bir kız.

Hafta sonlarında Archie'lere sık sık giderim. Özellikle yemek zamanları çok hoşuma gider, çünkü o yemekte Suky ve Neil sohbet ediyor, neşeli öyküler anlatıyorlar; Maisie'ye gelince, o hiçbir çaba göstermese de komik olabiliyor; bazen de Archie ve ben aramızda özel espriler yapıyoruz. Fakat bugün bir üveybaba ve hala "babacığım" diyen yetişkin, havalı bir kız kardeş yerine, iki genç anne baba ve sevimli bir kız kardeşle birlikte olmak daha bir güzel.

En son Neil geldi. Saçını kestirmek için kente inmişti. Suky, sofraya oturmadan önce güçlü parmaklarıyla Neil'in başına masaj yapıyormuş gibi yaptı. "Modaya uygun olmuş, Neil! Tuvalet fırçası gibi!"

"Git başımdan," dedi Neil, fakat gülümsüyordu.

Suky ile Neil'in birbirlerine takılmaları çok eğlenceli oluyordu. Annem ve Quentin böyle bir şeyi hayatta yapmazlardı, çünkü birbirlerinin gözünün içine bakmakla o kadar meşguldüler ki! Hem zaten Quentin şakalaşamayacak kadar olgun ve sıkıcıydı. Bahse girerim tüm yaşamı boyunca bir kez olsun bir şakaya ortak olmamıştır. Büyük olasılıkla kimseye espri de yapmamıştır ve yine bahse girerim, bir espri duysa kahkaha bile atmaz, yalnızca burun deliklerini kullanarak iç çekmekle yetinir.

Quentin'i düşünmek, Archie'nin ailesi ile geçirdiğim bu güzel zamanımı mahvediyordu, bu yüzden Neil'in dik dik kesilmiş saçlarına bakmayı sürdürdüm. Neil'in saçları, birden aklıma annemdeki gerçek babamın fotoğrafını getirdi. Annem bu fotoğrafı dolabın içindeki albümlerin arasında saklıyordu, ancak fotoğraf herhangi bir albümün içinde değil, sayfaların arasında duruyordu. Resimde babam bir duvara yaslanmış, dik dik saçları ve kirli sakalıyla gülümsüyordu. Neil'in sakalı yoktu, fakat gülümsemesi babamınkini andırıyordu. Bunun üzerine acaba Neil benim babam olsa nasıl olurdu, diye düşünmeye başladım. Bunu düşünmek güzeldi; ancak kızarmaya başladım, çünkü uzun süredir Neil'a baktığımı, onun da sanki delirmişim gibi bana baktığını fark ettim.

"Ne düşünüyorsun, Billie?"

"Ne... efendim?" Düş baloncuğumun içinde olduğumdan ne dediğinin pek farkında değildim.

"Saç tıraşım hakkında ne düşünüyorsun?"

"Ah, yakışmış."

"Teşekkürler, Billie. Görüyorsun değil mi Suky, buralarda saç tıraşımı beğenen insanlar da var!"

"*Ben*!" diye araya girdi Maisie birden. "Ben de bee-niyom, babacığım!"

Hepimiz güldük. Masanın üzerinde zar zor görünen kafasıyla gerçekten çok şirin görünüyordu.

"Biraz daha peynir sosu ve pırasa, Billie?" dedi Suky tabağımı doldururken. Suky çok iştahlı olduğumu biliyor.

"Teşekkür ederim."

"Şu patates ve bezelyelerden de al."

Bu sırada telefon çaldı.

"Ben bakarım," dedi Neil çaydanlığın yanındaki telefona doğru koşarken.

"Vay, Rob! Nasılsın dostum?" Neil tezgaha yaslanmış, sırıtıyordu.

Quentin hiçbir zaman "vay" ya da "dostum"

gibi sözcükler kullanmaz, tezgaha da bu şekilde yaslanmazdı. Her şey bir yana, tişörtünü pantolonunun dışından sarkıtmazdı. Quentin ile Neil'in tek ortak yanları saçlarının kısacık olmasıydı, ancak buna karşın Quentin'in başının yarısı keldi, kel olmayan yarısı ise gri saçlarla kaplıydı. Neil'in saçı ise benimkine benzeyen, hafif kestane rengindeydi. Üstelik tıpkı benim gibi kahverengi gözleri vardı. Aslına bakarsanız, *ben* Archie'nin babasına Archie'den daha çok benziyorum. Şimdi odaya giren birine burada kimin misafir olduğunu sorsanız, Archie yanıtını alacağınızdan eminim, çünkü onun saçları neredeyse sarı.

"Kendine iyi bak dostum," dedi Neil telefonu yerine koyarken.

Neil tekrar masaya gelip yemeğine devam ettiğinde ben tabağımdakileri bitirmek üzereydim.

"Leziz turtalarımdan biraz daha almak isteyen var mı?" diye sordu Suky bana bakarak.

"Evet lütfen!"

Maisie, parmağıyla beni gösterip kıkırdadı. "Sen *misafirsin*!" Sanırım bu sözcüğü yeni öğrenmişti, çünkü büyük bir gururla söyledi. Archie her şeyi bildiğini zanneden on sekiz yaşında bir abla yerine üç yaşında bir kız kardeşi olduğu için ne kadar da şanslı.

"Aslına bakarsan, Billie ailemizden biri sayılır, Maisie."

Bu sözler, gökyüzünde hızla yol alan bir ateş topu gibi beynimde yankılandı ve tüylerim diken diken oldu. Suky az önce benim aileden biri olduğumu ve Archie ile kardeş gibi olduğumuzu söylemişti. Demek ki bu ailede bir yerim vardı, değil mi? Maisie ile ilgilenebilir, köpekleri Gorky'yi yürüyüşe çıkarabilir, Suky ile Neil'a yardım edebilirdim. Bu harika olurdu.

Annem açısından da iyi olurdu. Sonuçta onu bir daha görmeyecek değildim. O hala benim annemdi ve ne zaman istersek birbirimizi görebilirdik, yalnızca onun ailesinde yaşıyor olmayacaktım. Hem zaten Quentin ve Victoria bana karışamaz, öyle değil mi? Üstelik bensiz daha iyi zaman geçirebilirler. Bol bol kıkırdayan, dans eden, eski moda aptalca esprilere gülen üç yetişkin olarak yaşamlarına birlikte devam ederler. Ben de burada, iki sevimli kardeş ve dünyanın en harika anne babasının olduğu, doğru dürüst bir aileyle birlikte yaşarım.

Evlatlık.

Eveeet!

Çok zekiyim!

5 Planın Başlangıcı

"Pudingin yanında neler var anne?" diye sordu Archie.

"Çilek ve dondurma."

Başka zaman olsa çilek ve dondurmanın lafı bile heyecanlanmama yeterdi, fakat o anda zaten yeterince heyecanlıydım, bir gram bile heyecan kaldıramazdım. Tüm bedenim mutluluk ve umutla sarsılıyor, beynim evlat edinilmem için ne yapmam gerektiğini düşünmeye çalışıyordu.

Bir plan. İhtiyacım olan şey buydu. Yalnızca düşlerle baloncuğumun içindeki düşünceler yetmezdi. Doğru dürüst bir aile planı lazımdı. Fakat bu plan nasıl işleyecekti? Suky ve Neil'in beni evlat edinmelerini nasıl sağlayacaktım?

"Bu son patatesi kim yemek ister?" diye sordu Suky. "Sen almaz mıydın, Billie?"

Başımı sallayıp, "Hayır, teşekkür ederim," dedim ve tam o sırada planın kendi kendisini başlattığını fark ettim, çünkü o dakikadan itibaren oldukça nazik davranmaya başlamıştım. Anlıyorsunuz değil mi, kendimi Suky ve Neil'e beğendirmeye çalışmalıydım, bu da nazik, cömert, dürüst, saygılı ve terbiyeli olmamı gerektiriyordu. Aynı zamanda onları etkileyebilecek bir yeteneğe sahip olmalıydım. Koşu. Evet, işte bu! Bu aslında benim *tek* yeteneğimdi, fakat bu bile bana yeterdi, çünkü Archie'nin sporla arası hiç iyi değildi. Suky ile Neil'in iyi bir koşucu kıza sahip olmaları hiç de fena olmazdı.

Ancak sırayla gidelim... kibarlık...

"Gerçekten çok leziz bir yemekti, Suky," dedim kocaman gülümseyerek, "tıka basa doydum, ellerinize sağlık. Özellikle turta çok lezzetliydi."

"Marks & Spencer her zaman iyidir, Billie!"

Bunun üzerine güldü ve Neil da ona katıldı, sonra birbirlerine baktılar. Sanırım bu kibarlığım hoşlarına gitti. Suky'nin turtayı kendi elleriyle yapmamış olmasının hiçbir önemi yoktu aslında.

Annemin, zamanını patates ya da diğer yemekleri elleriyle yaparak harcaması, herkesin aynı şeyi yaptığı anlamına gelmiyor. İnsanın yiyeceğini hazır alıp fırına atması akla çok daha yatkın. Büyüyünce kesinlikle ben de öyle yapacağım.

"Patateslerle turta da çok güzeldi."

"Teşekkür ederim, Billie."

Suky'nin, bakışlarını yeniden Neil'a çevirdiğini gördüm. Kesinlikle nezaketimi fark etmiş olmalıydılar. plan işliyordu.

"Evet, şimdi bulaşıkları yıkayalım," dedi Suky birden.

Suky neredeyse sözünü bitirmeden sandalyemden fırlayıp tabağımı kaptım.

"Sorun değil Billie," dedi Suky gülerek. "Maisie ile ilgilenebilirsin. Buraları biz hallederiz," dedi ve eline birkaç bulaşık aldı.

"Sen misafirsin," diye tekrarladı Maisie gülümseyerek

Ben de ona gülümsedim. Yakında böyle demeyecekti. "Sen benim ablamsın," diyecekti.

Archie içini çekip tabağını bulaşık makinesinin bulunduğu çamaşır odasına götürdü.

"Bir seferde bir tabaktan fazlasını taşıyabilirsin, Archie!" dedi Neil. "Ben bulaşık makinesini dolduracağım, çileklerle dondurmalar masaya gelene kadar ortalık toparlanmış olur."

Archie, masadaki son tabakları almak için geri döndüğünde ona biraz daha kola alıp alamayacağımı sordum.

"Tabii ki. Fakat artık Maisie'ye verme. Ona yasak." Böyle diyerek elindekileri yere düşürmemek için yavaş adımlarla çamaşır odasına doğru gitti.

Zavallı Maisie. Niçin kola ona yasaktı? Bu hiç de adil görünmüyordu. Bana kalırsa Archie kolayı kendisine saklıyordu, çünkü o tam bir kola delisidir. Sanırım Maisie için kocaman bir bardağı kola ile doldurabilirdim. Ne de olsa evlat edinilmem için ailedeki *herkesin* sevgisini kazanmalıydım.

"Biraz daha ister misin, Maisie?" diye sordum bir abla gibi gülümseyerek.

Maisie'nin gözleri büyüdü. "Bana izin var mı?"

"Tabii ki var," dedim ona tekrar gülümseyerek. "Aptal ağabeyini dinlemek zorunda değiliz, değil mi?"

Maisie ciddi bir biçimde başını salladı. Ben de elindeki bardağı ağzına kadar doldurdum.

Kolanın kahverengi köpükçüklerine iştah perisini ya da Noel Baba'yı görmüşçesine, faltaşı gibi açılmış gözlerle baktı. İlk yudumlarını içerken bardağı onun için tuttum, böylece yere bir damla bile dökülmedi, ancak bir süre sonra bardağı elimden kapıp iki eliyle tutarak kafasına dikti. Sanki çölde su bulmuş gibi içiyordu kolayı. Bir dikişte bütün bardağı bitirdi, bardağı bırakırken hafifçe geğirdi.

"İşte geldik," dedi Suky bir dakika sonra geri döndüğünde. "Şimdi de çilekleri getireceğim, bir dakika içinde hazır olur."

"Biraz daha?" diye sordu Maisie yeniden baş başa kaldığımızda. O kocaman gözleriyle bana bakıyordu.

"Tamam, ama bu sefer o kadar hızlı içme, olur mu?"

Maisie başını salladı. Birkaç yudum aldı ve Neil, Suky ile Archie odaya girince bardağı masaya bıraktı.

Neil, çilekleri görür görmez ellerini ovuşturup ağzını şapırdatmaya başladı. "Mmm! Çok güzeller!" dedi. "Güzel, iri, sulu çilekler!"

"Hey, kola şişesi boşalmış!" dedi Archie. "Hepsini sen mi içtin Billie?"

"Cici Maisie de birazcık içti," dedi Maisie, çenesini Archie'ye doğru uzatarak.

"İçmemen gerekiyordu genç bayan!" dedi Suky. "Sana yasak olduğunu biliyorsun!"

Kalbim hızla atmaya başladı.

"Ben... ben ona azıcık verdim..." dedim kısık bir sesle. "Gerisini ben içtim."

"Sana kolanın Maisie'ye yasak olduğunu söylemiştim," dedi Archie.

"Biliyorum... bu yüzden azıcık verdim zaten..."

"Tamam Billie, o kadar endişelenmene gerek yok," diyerek gülümsedi Neil. O çok iyi, anlayışlı bir babaydı. "Kolaya alerjisi var, anlıyorsun değil mi - çok içtiğinde ona dokunuyor. Fakat eğer azıcık içtiyse bir şey olmaz."

Suky, Maisie'nin bardağına baktı. "Evet, hala bardağın içinde biraz var. Ancak bu onun ikinci bardağı, geri kalanını içme, tamam mı Maisie?"

Bu sözler üzerine kalbim daha da hızlı atmaya başladı. Maisie'ye bakıp aslında bunun onun üçüncü bardağı olduğunu söylememesi için dua ettim. Neyse ki derisi ne kızarmış ne de dökülmüştü. Belki de bunun olması biraz zaman alıyordu.

"Fazla kola onu biraz saldırganlaştırıyor," diye durumu açıkladı Suky.

Eyvah eyvah...

"Saldırganlıktan da öte!" dedi Archie herkese sırıtarak bakarken. "Tamamıyla yoldan çıkıyor, sağa sola kötü sözler edip tuhaf bir dansa başlıyor."

"Tamam, bu kadarı yeter, teşekkür ederiz Archie!" dedi Suky, Archie'ye sert bir bakış fırlatarak.

"Ah, anne, Billie'ye Maisie'yi o partiden almaya gittiğin gün olanları anlatabilir miyim?"

Kendimi kötü hissetmeye başlamıştım.

Suky yüzüne bir öğretmen ifadesi takındı. "Hepimiz Maisie'nin aslında çok kibar bir kız olduğunu biliyoruz," dedi iyice duyduğundan emin olmak için dikkatle Maisie'ye bakarak. "Yalnızca kola seni biraz heyecanlandırıyor, öyle değil mi tatlım?"

Maisie başını salladı, ancak o gülümsüyordu. Archie konuşurken Maisie'nin suratına gülünç ifadeler takındığını fark etim.

"O gün, annem Maisie'yi Alice Grey'in partisinden almaya gittiğinde onu salonun etrafında koştururken 'Koca popolu ayıcık, lay lay lom!' diye bağırırken bulmuştu. Bu olaydan sonra kolanın, içerdiği bir takım kimyasal maddeler yüzünden bazı çocuklar üzerinde bu tür etkileri olabildiğini öğrendik, böylece annem Maisie'ye alışması için haftada bir bardaktan fazla içmeme kuralı koydu.

Yüzüme, Archie'nin anlattıklarına katılıyormuşum gibi bir ifade takınmaya çalıştım, diğer yandan da bunun çok ciddi bir sorun olduğunu düşünüyordum. Yaptığımdan dolayı utanıyorum.

"Her neyse, endişelenecek bir şey yok," dedi Suky.

Bana gülümsedi, ben de ona gülümsemeyi denedim, fakat yüzümde belli belirsiz bir gülümseme oluştu. Suky'nin, endişelenmek için aslında *birçok* neden olduğundan haberi yoktu, çünkü evlat edinilme projesini çoktan yüzüme gözüme bulaştırmıştım, üstelik daha yeni başlamıştım.

Tam bu sırada Maisie başını sallamayı kesti

ve için için kıkırdayarak sandalyesinin üzerinde kıpırdanmaya başladı.

"Ona azıcık kola verdiğinden emin misin, Billie?" diye sordu Neil kaşlarını çatarak.

Yutkundum. Gerçeği söyleyemezdim. Şimdi olmazdı. Çok geçti. Eğer ona gerçeği anlatırsam iki kez kötü bir şey yapmış olacaktım. Birisi Archie'nin uyarısına kulak asmamam, ikincisi de Maisie'ye verdiği kola miktarı hakkında yalan söylememdi. Böylece başımı sallayıp Maisie'nin sesini çıkarmaması için dua ettim. Gözümün ucuyla Maisie'yi izlerken dondurma boğazıma takılıyordu. O sırada herkes çilek ve dondurmalarıyla meşgul olduğundan kimse Maisie ile ilgilenmiyordu, ancak Maisie yanakları inip kalkıyor, gözleri fıldır fıldır dönüyordu.

Suky'nin servis kaşığı çilek kasesinin üzerinde dans ediyordu. "Biraz daha ister misin, Billie?"

Tam 'Hayır teşekkür ederim, siz kendinize alın,' demek üzereydim ki Maisie ağzını açıp gürültülü bir şekilde geğirdi.

"Özür dilerim!" dedi Suky.

"Kusura bakmayın!" dedi Neil.

Archie kahkahalarla gülmeye başladı.

Ben de gülmek üzereydim, ancak tam zamanında kendime hakim oldum.

"Hiç de komik değil," dedi Neil sertçe kaşlarını çatarak.

Neil'in bu kadar ciddi göründüğüne daha önce hiç tanık olmamıştım, bu beni biraz şaşırttı. Neyse ki kendimi tutup gülmemiştim.

"Ne demen gerekiyor Maisie?" diye sordu Suky.

"Ösüy dileyim."

Artık Suky de ciddi bakıyordu, kalbim yerinden fırlayacaktı. Dikkatlerini Maisie'den başka yöne çekmeliydim, ancak sesim kekeme gibi çıktı.

"Ç-çok l-leziz bir dondurma, S-Suky."

Suky hafifçe gülümsedi, sonra yeniden gözlerini sağa sola çevirip yanaklarını içine çekmeye çalışan Maisie'ye baktı.

"Aptallaşma, Maisie," dedi Neil. "Gösteri yapmanın sırası değil."

Archie ise Maisie'nin komik suratına baktıktan sonra gülmemek için kendini zor tutuyordu, fakat ben gülmeyecektim. Kesinlikle. Suky ve Neil, benim de tıpkı onlar gibi bunun hiç de komik olmadığını düşündüğümü sanacaklardı.

"Bu akşam için neler planladınız?" diye sordu Suky. Sanırım Maisie daha fazla şımarmasın diye dikkatimizi başka yöne çekmeye çalışıyordu.

Archie'nin omuzları hala gülmekten dolayı inip inip kalkıyordu, bu yüzden yanıt vermek bana kaldı.

"Pek bir fikrimiz yok," dedim ağırbaşlılıkla.

Sonra aklıma bir fikir geldi. "Yardım edebileceğim her hangi bir şey var mı?"

Suky'nin gözleri fal taşı gibi açıldı. "Eğer Maisie'nin saçındaki kırıkları almak istemiyorsan, yok," diye karşılık verdi. Tam bunu seve seve yapacağımı söylüyordum ki, Suky "Yalnızca şakaydı!" dedi ve Maisie'ye dönerek "Bugün saçlarımızın kesilmesi gerekiyor, öyle değil mi?"

Maisie kıkırdadı. Ağzını yaya yaya gülüyordu.

"Aman Tanrım!" dedi Suky. "Sanırım şarkı –"

Suky sözünü bitirmeden Maisie gürültülü bir şekilde boğazını temizledi, çenesini havaya kaldırdı ve gücünün yettiğince sesli bir şekilde şarkı söylemeye başladı.

"Dandini dandini dasdana,
Danalar girmiş bostana..."

Bunun üzerine herkes, hatta Neil bile kahkaha attı, ben de derin bir oh çektim. Neil ve

Suky'nin olayların eğlenceli tarafını göreceklerini biliyordum. Annem olsa o da böyle yapardı. Fakat Quentin bunu göremezdi. Büyük olasılıkla dandini'nin kaba bir sözcük olduğunu söylerdi. Aslına bakarsanız onun bu sözcüğü duyduğundan da şüpheliyim.

Maisie hepimize gülümseyerek baktı. Sonra yeniden ağzını açıp boynunu kaldırdı, bu yüzden sesi biraz boğuk çıktı.

"Danalar girerken bostana
devirmişler süt dolu bir kova!
Şapırt!"

Maisie bu son bölümü söyledikten sonra hızla bardağına doğru bir yumruk savurdu ve bardak içindeki kolayla birlikte yere düştü. Şapırt! Her yere kola saçılmıştı. Sonra parmaklarını dudaklarına götürüp komik, bir o kadar da büyümüş de küçülmüş bir biçimde, "Amanın!" dedi ve sandalyesinden kayarak indi.

İstemeden büyük bir kahkaha patlattım. Hemen o anda zamanı geriye döndürmek istedim, çünkü benim dışımda kimse gülmüyordu. Neil, Maisie'nin bardağını yakalamak için hamle yapıp masayı devirecek gibi olduğunda elimle ağzımı kapattım.

"Aman Tanrım! Tamamıyla yoldan çıktı!" dedi Suky bir bez bulmak için lavabonun altına eğildiğinde.

Maisie ise hiçbir şey olmamış gibi hala masanın altında şarkı söylüyordu. "*Dandini dandini çilekleer...*" Sonra birden ayağa kalktı, ellerini beline dayayıp koşturmaya başladı. Tam bu sırada "Heyoo!" diye nara attı.

Çamaşır odasındaki sepetinde uyumakta olan Gorky de neler olup bittiğini görmek için mutfağa gelmişti. Maisie masanın etrafında koştururken o da soluk soluğa kuyruğunu sallayıp onu izliyordu. Maisie doğruca Gorky'nin üzerine doğru koştu ve ona çarpıp yere yuvarlandı. Hala gülüyor, bacaklarıyla havaya tekmeler savuruyordu. Gorky yerdeki kolanın kokusunu almış olacak ki, tuhaf sesler çıkararak halıyı koklamaya başladı.

Archie, insanın karnını ağrıtan o gülme krizlerinden birine yakalanmıştı, ancak Neil ve Suky son derece ciddi göründüklerinden benim de Archie'ye katılmama olanak yoktu. Bütün bu olanların benim suçum olduğunu düşündüklerine bahse girerim. Büyük olasılıkla böyle düşünüyorlardı, onların gözünde ben kocaman bir yalancıydım. Keşke zamanı geriye döndürebilseydim, o zaman Archie ve Neil sofrayı kaldırmaya başladıklarında aile projesine yeniden başlayabilirdim.

"Tamam, bu kadarı yeter!" dedi Suky, Maisie'yi kaldırmak için eğilirken.

Neil, Gorky'nin tasmasından tutup onu çamaşır odasına götürdü. Geri dönüp masaya oturduğunda, Maisie kendi kendine, "Deli Billie bana çok ama çok kola verdi, haksız mıyım?" Bu sırada annesinin kucağına oturmuş, başparmağını emiyordu. Bu sözlerden sonra masaya derin, bir o kadar da korkutucu bir sessizlik çöktü. Ne diyeceğimi bilemediğimden yalnızca, "Üzgünüm, bilemedim..." diye fısıldadım.

"Sorun değil, Billie," dedi Suky. "Bir dahaki sefere dikkat edersin, tamam mı?" Bunu derken gülümsüyordu, fakat içten yapmıyordu bunu, çok kızgın olduğunu söyleyebilirim.

Aklıma bu fikir geldiğinde, kısa bir süreliğine sanki altın bir kozayı andıran bir düş baloncuğunun içine girmiş gibiydim, ancak şimdi baloncuk patlamıştı ve baloncuğumdan şıp şıp altın damlıyordu.

"Görünüşe göre hanımefendi kendine geliyor, çok şükür!" dedi Neil.

Neil bunları söylerken Maisie başparmağı hala ağzında olduğu halde gürültülü bir biçimde mırıldanıyordu.

"Biz kalkabilir miyiz anne?" dedi Archie. "Billie'ye yeni CD'mi göstermek istiyorum, daha önce pek zamanımız olmadı."

Buna inanamıyordum. Archie hiçbir şey olmamış gibi davranıyordu. Sanırım onun açısından hiçbir şey olmamıştı. Aile planı hakkında en ufak bir fikri yoktu.

"Tamam, siz ikiniz gidin o zaman," dedi Suky canlı bir şekilde. Sonra Neil'a döndü. "Bir kahve ister misin?"

"Evet, iyi olur gerçekten."

İşte, herkes normale dönmüştü! Vay be! Ben gezegendeki en şanslı kız olmalıyım. Az kalsın her şeyi yüzüme gözüme bulaştırıyordum; neşeyle Archie'yi takip ederek odadan çıktım. Ucuz kurtulmuştum, bundan sonra çok daha dikkatli davranıp hiçbir engelin yoluma çıkmasına izin vermeyeceğim.

Hiçbir şeyin.

6 Cici Kız

Archie'nin odasına giden merdivenleri çıkarken aklıma Suky'yi nasıl etkileyebileceğime ilişkin parlak bir fikir geldi. Neil'i de düşünmem gerektiğinin farkındaydım, ancak onunla daha sonra da ilgilenebilirim. Tek sorun, projemden Archie'ye bahsedip bahsetmemekte kararsız olmamdı. Az önce aklıma gelen fikri değil, aile projesinin bütününü kastediyorum. Archie projemi duysa ne derdi acaba?

Eğer ona projemi anlatırsam, işe yaramayacağını söyler ve ben de kendimi kötü hissederim. Archie'yi tanıyorum. Olayları hep mantık süzgecinden geçirir. Bir başka ailenin beni evlat etmesinin olanaksız olduğunu, yasaların ya da başka şeylerin buna izin vermeyeceğini söyleyeceğinden eminim. Bu yüzden işler yoluna girip her şey kesinleşene dek bunu bir sır olarak saklamaya karar verdim.

Yine de, birdenbire niçin Suky'ye yardım etmek istediğimi merak edecektir, bu yüzden bir şeyler söylemeliydim...

"Hey, Arch," diye heyecanlı bir sesle başladım söze; bu sırada yatak odasının kapısını arkamızdan kapattım, "annene bir sürpriz yapıp Maisie'nin saçını biz keselim mi? Böylece kente inmekten kurtulmuş olur!"

Archie, sanki Maisie'yi kentte satmayı önermişim gibi bakıyordu bana. "İyi ama biz saç kesiminden ne anlarız ki..."

"*Sen* anlamayabilirsin, fakat *ben* anlıyorum," dedim sesime biraz gizem katmaya çalışarak.

"Sen nereden biliyorsun?"

"Biliyorum, çünkü... Victoria öğretmişti."

Archie dudaklarını emdi, bir şeyden emin olmadığı zaman hep böyle yapardı. "Sanırım uçlarını aldıracak. Bu çok özen ister, biliyorsun."

"Aslına bakarsan kırıkları almak çocuk oyuncağı."

Archie hala dudaklarını emiyordu; bu, hala düşündüğünün bir göstergesiydi.

"Haydi Arch. Annenin üstünden büyük bir yük kalkmış olur."

"Durup dururken niçin anneme yardım etmek istiyorsun sen?" Bunu söylerken gözlerini o kadar kısmıştı ki, neredeyse gözleri kapanmıştı. "Ne yapmaya çalışıyorsun Billie?"

Bunun üzerine az kalsın ona her şeyi anlatacaktım. Ancak bunun aptalca olduğunu düşünebilirdi. Ya beni kız kardeşi olarak istemediğini, yalnızca arkadaş kalmamızın daha iyi olacağını söylerse? Bunu aklıma bile getirmek istemiyorum.

"Maisie'nin az önce yaşadıkları yüzünden kendimi suçlu gibi hissediyorum, hepsi bu."

"Evet, ama bilemezdin, değil mi? Bunu kafana takmana gerek yok Billie. Annemle babam kızmış ya da gücenmiş değiller."

"Biliyorum, fakat yine de bu durumu düzeltmek için bir şeyler yapmak istiyorum..."

Archie hafifçe kaşlarını çatmıştı. Sanırım kendimi nasıl hissettiğimi anlamaya çalışıyordu. "Tamam." Yatak odasının penceresini açıp dışarı doğru eğildi.

Neil çimenlere oturmuş papatyalardan kolye yapıyordu. Maisie ise "*Papatya, papatya, geliyorum seni toplamaya,*" şarkısını söylüyordu. Sanırım oyun arkadaşlarıyla sürekli beste yapıyorlar.

"İsterseniz Maisie ile biraz *biz* ilgilenebiliriz, baba," diye bağırdı Archie.

Neil gözlerini güneşten koruyarak şaşkın bir biçimde kafasını kaldırdı ve bize baktı.

"Tabii... iyi olur!"

Elime Neil'i etkilemek için iyi bir fırsat geçmişti. Archie'nin boynunun arkasından, "Bunun benim fikrim olduğunu da söyle," diye fısıldadım, fakat Archie beni duymadı, çünkü tam o sırada, "Tamam baba," diye bağırıp pencereyi kapatmıştı.

Birkaç dakika sonra Maisie, Archie'nin odasına geldiğinde ellerini ellerimin arasına alıp çırptım. Bebekliğinden beri hep böyle yapardım. "Şimdi kuaförcülük oynayacağız Maisie!"

"Gerçek yaşamdaki gibi mi?" diye sordu.

"Evet, gel, otur şu sandalyeye."

Archie yüzünü bana çevirdi. "Saçı kesmeden önce onu yıkaman gerekmiyor mu?"

Archie'nin haklı olabileceğini düşündüm, fakat saç kesmek için öylesine can atıyordum ki bir şeyler uydurdum. "Maisie'nin saçı oldukça düz. Bu şekilde kesmek çok daha kolay olur."

Archie etkilenmiş gibiydi, bu yüzden kendimi çok akıllı hissettim. Maisie'nin omuzlarına havlu sererken, bir zamanlar kuaförün benim saçım hakkında söylediği cümleler aklıma geldi. "Bayağı geniş bir alnı var... hmmm, sanırım saçın daha iyi sarkması için farklı bir şekilde taramalıyım."

Bu sözlerim Archie'yi daha da etkiledi.

Archie'nin şifoniyerinde birkaç makas bulduk. Makasların üzerinde kurumuş zamk vardı, bu yüzden onları yıkamak gerektiğini düşündüm. Ancak Archie paslanırlar gerekçesiyle buna karşı çıktı. Ben de zamkların bir sorun çıkartmayacağını umut ettim. Bununla birlikte Archie tarağını yıkamama izin verdi.

"Saçların birbirine karışmış Maisie Griggs!" dedim tarağı elime aldığımda.

Bu sözüm Maisie'yi güldürdü.

Saçın bir tarafı kocaman bir düğüm olmuştu.

Bu düğümü Archie'ye göstererek, "Bunu çözmek olanaksız," dedim.

"Başparmağını emerken diğer parmağıyla da saçını kıvırıyor olmalı."

Bu düğümü çözmek bütün bir öğleyi aldığı için en sonunda düğümü kökünden kesip attım, hem zaten saçın eksik olduğu pek belli olmuyordu. Tamam, belki birazcık oluyordu. Sonra saçın uç taraflarından düzgünce kesmeye başladım. Saçı topak topak kesmek istiyordum, çünkü bu iş çok eğlenceliydi, ama Suky yalnızca kırıklarının alınmasını istemişti, bu yüzden ben de her şeyi tam Suky'nin istediği gibi yapmaya özen gösteriyordum. Saçı her yönden birer santimetre kesmeye çalıştım; Suky'nin bunu görüp ne kadar yardımsever bir kız olduğumu düşündüğü sırada yüzünü görmek için sabırsızlanıyordum. En sonunda *sanırım* bir santimetreyi tutturmuştum. Ölçüp biçmede hiçbir zaman başarılı olmamışımdır.

"Sıra geldi kaküllere."

"Sıkıldım, buradan kalkmak istiyorum," dedi Maisie.

"Bir dakika daha sabret," dedim ona. "Bitmek üzere."

"Her şeyi sen yaparsan kuaföre yapacak hiçbir şey kalmayacak ama, deli Billie!"

"Amacımız da bu zaten Maisie! Anneni zamanını ve parasını harcamaktan kurtaracağız, anladın mı?"

Kakülün nerede başlayıp nerede bittiğini görmek büyük bir beceri istiyordu, çünkü Maisie'nin alnının bir kısmından çok uzun, bir kısmından orta boy, bir kısmından da tel tel denebilecek, kısacık saç tutamları sarkıyordu. Bu yüzden alnındaki saçları en kısa tutamın seviyesine getirmek zorunda kaldım. Sanırım kuaför olsa o da böyle yapardı.

"Artık başka bir oyun oynayabilir miyiz?" dedi Maisie.

"Acele et Billie," dedi Archie. "Annem az sonra burada olur."

Archie bunları der demez ön kapının zili çaldı.

"O da kim?" diye sordum.

"Bilmiyorum. Komşulardan biri olsa gerek."

"Archie, Maisie'yi aşağıya indirebilir misin lütfen?" dedi Suky'nin sesi aşağıdan. "Kuaför geldi, saçını yapacak."

Bu sözler üzerine donakaldım. "Kuaförün *buraya* geleceğini bana niye söylemedin!"

"Çünkü haberim yoktu! Her zaman High Caddesi'ndeki kuaför salonuna giderlerdi."

Gözlerimi kapayıp Maisie'nin saçına hiç dokunmamış olmayı ve öğle yemeği zamanına geri dönmeyi diledim. Az sonra Suky kuaföre eve geri dönmesini söyleyecekti, çünkü ortada kesilecek saç yoktu. Sonra kuaför zamanını boşa harcadığı için sinirlenecek, bunun üzerine

Suky de çileden çıkacaktı. Benim yüzümden. Ne olur yardım edin!

"Beni duydun mu Archie?" diye bağırdı Suky daha yüksek sesle.

Tam bu sırada Maisie çığlık attı. "Billie zaten?" ama Archie daha fazla konuşmaması için eliyle onun ağzını kapadı.

"Şşş!" dedi ve havluyu Maisie'nin omuzlarından alıp parmaklarıyla saçlarını karıştırdı. "Billie yalnızca çok ufak parçalar kesti, bu yüzden anneme ya da kuaföre bir şey söylemeye gerek yok, tamam mı? Anneciğin öfkelenmesini istemeyiz, öyle değil mi?"

"Bu bir sır mı yani?" diye sordu Maisie gözleri parlayarak.

"Evet. Şimdi gidelim," diye karşılık verdi Archie ve onu kapıya doğru itekledi.

"Teşekkürler, Arch," diye fısıldadım göz önünde durmamak için odaya girerken. Bu sırada Maisie tırabzana sıkıca tutunarak aşağıya iniyordu.

"Gel, seni haylaz," dedi Suky. "Jenny'ye merhaba de."

"Merhaba Maisie," dedi Jenny.

Ve kalbim bir an için durdu. Bu sesi tanıyordum. Jenny, kuaför Jenny... Tabi ya. O hemen bizim arka sokağımızda oturuyor, üstelik annemin arkadaşı.

"Maisie!" Suky'nin bu çığlığında şaşkınlık ve öfke bir aradaydı.

Daha önce Suky'nin sesini böyle yükselttiğine tanık olmamıştım. O sırada duvara yaslanmış bekliyordum, ancak Suky'nin ne kadar çileden çıktığını duyunca yavaşça aşağı doğru kaydım, en sonunda da kendimi yerde otururken buldum.

"Saçını sen mi kestin Maisie? Sana makaslardan uzak durman gerektiğini söylemiştim."

Nefesimi tutum. Archie'nin yüzünde *işte şimdi yandın* der gibi bir ifade vardı. Aşağıdan hiç ses gelmiyordu. Maisie'nin oynadığımız oyundan söz edip etmediğini çok merak ediyordum.

"Maisie! Neler oluyor? Cevap ver bana. Saçını sen mi kestin?"

Dudağımı ısırdım.

Archie ve ben Maisie'nin "Söyleyemem, bu bir sır," dediğini net bir şekilde duyduk.

Gözlerimi kapattım. Kendimi kötü hissediyordum.

"Archie, Billie, ikiniz aşağı inebilir misiniz lütfen?"

Kola olayından ucuz kurtulmuş olabilirdim, ancak Suky'nin sesindeki soğukluğu duyduğumda bu olaydan hiç de öyle kolay kurtulamayacağımı düşündüm. İyi bir kız olmak için o kadar çaba sarf ederken niçin her şey ters gidiyordu?

"Olur şey değil," dedi Jenny'nin sesi. "Birisi saçı işte tam şuradan yamuk bir biçimde kesmiş. Bunu Maisie yapmış olamaz, Suky. Eğer vücudu üç yüz altmış derece dönebilecek bir esnekliğe sahip değilse tabi."

"Archie!"

Bu sefer Suky gerçekten kızmışa benziyordu. Eğer öfkesini benden çıkarmaya kalkışırsa buna dayanamayacağımı biliyordum. Hele beni evlat edinmek üzere olduğu şu günlerde. Archie'den suçu üstlenmesini istemeyi deneyecektim. Bu benim tek umudumdu.

"Ben aşağı inemem," diye fısıldadım Archie'ye. "Kuaför annemi tanıyor. Ya ne yaptığımı ona anlatırsa? Annem küplere biner. Maisie'nin saçını sen kesmiş gibi davranamaz mısın Arch? Lütfen, lütfen, lütfen!"

"Fakat bu tamamıyla senin fikrinken suçu niye *ben* üstleniyorum?" diye tısladı.

Suky tekrar bizi çağırdı. Bu sefer sesi gerçekten yüksek ve emrivaki çıkmıştı. "Archie? Geliyor musun?"

"Ah, haydi git Archie," diye yalvardım. "Kendimi iyi hissetmediğimi söyle ona." Tam bu sırada aklıma gerçekten harika bir fikir geldi. "Sana bütün harçlığımı veririm."

Bunu söylediğimde gözlerindeki pırıltıyı gördüğüme kesinlikle eminim. "Ne kadarın var?"

Aslında hiç param yoktu, çünkü para biriktirmeyi pek beceremem. Haftalığımı alır almaz hemen harcarım. Fakat bu sorun değildi. Parayı nasıl bulacağıma daha sonra da karar verebilirdim. Şimdi önemli olan, Archie'nin o çok istediği CD'yi alacak kadar paramın olduğuna onu inandırmaktı.

"Beş pound," çıktı ağzımdan.

"Pazartesi, tamam mı?"

Olanaksız. Bunu kesinlikle yapamam... Fakat başka çarem yok. "Tamam."

"El sıkışalım o zaman."

El sıkıştık.

Aslında doğruyu söylemek gerekirse her yerim titriyordu.

7 Planın "Antrenman" Aşaması

Archie'nin odasına döndükten sonra yatağına uzanıp düşünmeye çalıştım. Bu kez her zamanki gibi düş baloncuklarına filan dalmamıştım. Gerçekten, ciddi bir biçimde düşünüyordum. Şu andan itibaren çok daha dikkatli davranmalıydım. Daha önce evlat edinilmek istememiştim, bu yüzden hata yapmış olmam ya da başımı belaya sokmuş olmam sorun değildi. Fakat artık bir laf etmeden ve bir iş yapmadan *önce* iki kez düşünmeye özen göstermeliydim. Aksi halde planım işe yaramazdı.

Kendimi bunları düşünmeye öyle kaptırmıştım ki, yatak odasının kapısının açıldığını bile duymadım. Bu yüzden birden Suky'yi karşımda görmek beni oldukça şaşırttı.

"İyi misin Billie? Archie kendini iyi hissetmediğini söyledi."

Sesi çok normal değildi, fakat bunun nedeni bana duyduğu kızgınlık olamazdı. Archie, Maisie'nin saçını kesenin ben olduğunu kesinlikle söylemezdi, hele yaptığımız anlaşmadan sonra. Bundan emindim. Yine de Suky'nin yüzündeki ciddi ifade beni heyecanlandırdı.

"Şey, birazcık midem ağrıyor," dedim sessizce. Sonra yüzümü buruşturdum. "Ve biraz da başım..."

Suky elini alnıma koydu ve endişeli bir ses tonuyla ateşim olmadığını söyledi. Ona derece kullanmasını önermeyi düşündüm, ancak bu onu daha da endişelendirebilirdi. Bu endişe de yerini öfkeye bırakabilirdi. Bu yüzden tek kelime etmeden üzgün bir şekilde yatmaya devam ettim.

"Sanırım anneni arasam iyi olacak Billie," dedi Suky kaşlarını çatarak.

"Hayır, ben iyiyim... yani sessizce burada yatmamda sizin açınızdan bir sorun yoksa daha iyi olurum."

"Tamam o zaman..." gitmek için arkasını döndü, ancak kapının yanına geldiğinde bana dönüp gözlerini kıstı. "Billie..."

Hareket etmeden bekledim.

"Maisie'nin saçı..."

"Evet..." Sanırım sesim çok ince çıkmıştı.

"Archie *kendisinin* kestiğini söyledi."

"Evet..." gözlerimi kapadım, çünkü bu Suky'nin yüzüne bakmaktan daha kolaydı.

"Gerçekten o mu yaptı?"

Kalbim gittikçe daha hızlı atmaya başlamıştı, sanki gizlice bana bir şeyler söylüyordu...

Ona yalan söyleme. Ona yalan söyleme. Ama söylemek zorundaydım. Bu seferlik. Bir daha kesinlikle söylemem.

"Evet, o kesti."

Gözlerimi açtığımda Suky gitmişti. Birkaç saniye olduğum yerde kalakaldım, sonra pencereyi açmak için yataktan kalktım. Kendimi hala üzgün hissediyordum. Archie'nin içeri girdiğini duymamıştım bile.

Archie kendini yatağın üzerine bıraktı. Sanırım işlemediği bir suç yüzünden azar işittiği için suratını asıyordu. Birden kendimi ona karşı minnettar hissettim ve pazartesi günü beş pound'u vermeye karar verdim. Gerçi bu, annemden iki haftalığımı bir arada istememe yol açacaktı ama olsun.

"Suçu üstüne aldığın için teşekkürler Archie. Pazartesi günü beş pound'u cebinde bil."

Homurdanarak önemli olmadığını söyledi,

sonra da bilgisayarının başına geçip yavaş yavaş normale döndü. Hatta kimin daha fazla puan kazanacağını görmek için beni oyun oynamaya davet etti.

Plan tıkır tıkır işliyordu, bu harika düşünce çok hoşuma gitmişti.

8 Mızrak

Pazar günü fırlayarak uyandım ve yatağımda doğruldum. Korkunç bir düş görmüştüm. Düşümde, Maisie'nin saçlarını tarıyordum ve bunun sonucunda bütün saçları dökülmüştü. Bunu gören Suky, ne kadar kötü bir kız olduğumu ve beni evinde bir daha görmek istemediğini söylüyordu.

Düş o kadar gerçekçiydi ki, annem çayını götürmem için Quentin'in yanına gönderdiğinde etkisinden hala kurtulamamıştım. Quentin o sırada arka bahçedeydi. Mutfak penceresinden baktığımda, onun annemin bambu çıtalarını yonttuğunu gördüm.

"Çıtaları oldukları gibi toprağa batırsa olmaz mı? Onları yontmak zorunda mı?" diye sordum anneme.

"Çıtaları yonttuğu filan yok," dedi annem gizemli bir yüz ifadesiyle; bu, sinirlerimi daha da bozdu. "Yalnızca bir mızrak yapmaya çalışıyor."

Bunu duyduğumda, hala uyuduğumu ve yine tuhaf bir düşün ortasında olduğumu düşündüm. Quentin niçin bir mızrak yapardı ki? Sanırım yaşlandığı için kendine yeni uğraşlar arıyordu.

"Mızrak mı? Peki ne için?"

"Eğlence olsun diye."

Hayır, Quentin hiçbir şeyi eğlence olsun diye yapmazdı; tabii eğer bu annemin bir fikri değilse ya da bunu annemi memnun etmek için yapmamışsa.

"Çay hazır, Billie," dedi annem çayı bana

uzatırken. "Şekerini koyup karıştırdığımı söylersin."

Arka kapıdan çıkarken çayı Quentin'e verir vermez eve dönmeyi kararlaştırdım.

"Teşekkürler, Billie. Ne hoş! Şu taşın üzerine koysan olur."

"Annem karıştırmış."

"Harika."

Yaptığı iş hakkında tek söz etmemesi garibime gitti. Olan bitenler merakımı çeldiğinden, eve gitmek yerine Quentin'e fazla yakın olmamaya özen göstererek eşiğe oturdum ve onu izlemeye koyuldum. Bu sabah Quentin'de bir değişiklik vardı. İlkin bunun ne olduğunu çözemedim, ancak daha sonra ondaki sessizliği fark ettim. Bir kere bugün mırıldanmıyordu. Bu çok iyi, çünkü sürekli mırıldanması sinirlerimi bozuyor. Böyle yapacak olursa hemen bahçeyi terk ederim.

Birkaç dakika boyunca onun çıtayı yontmasını izledim. Çıtanın ucu iyiden iyiye sivrilmişti. Sonra aklıma elindeki çakıyı nereden bulduğu geldi; bu çakıyı daha önce ne odunluğumuzda ne de evimizde görmüştüm.

Uzun süren bir sessizlikten sonra birdenbire, "Ben küçükken arkadaşlarla ceplerimizden çakımızı eksik etmezdik. Sanırım artık çocuklara yasak, ama ben artık büyüdüğüm için, hala saklıyorum," dedi.

Quentin'in, aklımdan geçen soruya böyle birden bire cevap vermesinin bir rastlantı olduğunu biliyordum, fakat yine de bu durum bana bir an için korkunç geldi. Quentin'in aklımdan geçenleri okuması hiç de hoş olmazdı. Bir keresinde Archie'nin bahsettiği bu düşünce akışı denen şeyi gerçekleştirmeyi başarmıştım.

"Bitirdiğimde tıpkı bir cirit gibi uçacak, Billie!"

"Nereden biliyorsun?"

"Zamanında bunlardan çok yapardım, bu benim işimdi!" dedikten sonra kıkırdadı ve *çok eğleniyoruz, değil mi* gibilerinden bir bakış fırlattı.

Quentin'e, *durup dururken* mızrak yapmanın nereden aklına geldiğini sormak istiyordum, ancak bir sorunun yeterli olacağını düşündüm, yoksa ona yakınlaşmaya çalıştığımı sanabilirdi. Tam bu sırada başlayan o korkunç mırıldanma, on saniye sonra kaslarımın kasılmasına yol açtı. Bunun üzerine eve dönüp mızrak hazır olduğunda yeniden çıkmaya karar verdim.

"Şimdi Billie, annen bir parça karton isteyebilir misin?" Gökyüzüne bakıp gülümsedi. "Ben küçükken tahıl kolilerinin kartonlarını kullanırdım."

İkide bir *ben küçükken* demeseydi keşke.

"Makas istemeyi de unutma Billie!"

Harika! Artık geri dönmek zorundaydım.

Bana her zamanki gibi göz kırptı. Bu çok aptalcaydı, Quentin göz kırpacak karakterde bir insan değildi ki! Mutfakta bulduğum bir bisküvi paketinin içini boşaltıp makasla birlikte bahçeye, Quentin'e götürdüm. Yolda bir plan yaptım: Quentin'e lavaboya gideceğimi söyleyecek ve içeride yarım saat kalacaktım, o da bu arada mızrağı bitirirdi. Böylece yanında durup küçükken yaptıklarını dinlemek zorunda kalmayacaktım.

"İşte bunlar da uçuş takımımız olacak Billie. Burada çok dikkatli olmak gerekiyor." Kartondan bir kare kesip farklı yönlerde katlamaya başladı.

Belki durup biraz daha izleyebilirdim. En sonunda mırıldanmayı kesmişti. Mızrağın bir ucunu çarpı şeklinde oyup dört bölme elde ettikten sonra katlanmış kartonu bu oyuğun içine yerleştirdi. Kartonu oraya nasıl tutturduğunu anlayamamıştım. Daha yakından görmek için yanına gittim.

"Ah, anladım. Biraz oka benziyor."

Quentin başını salladı. "Bu doğru... Şimdi, bu küçük çentikleri... ki biz onlara halka derdik... nasıl dikkatli yaptığımı görüyorsun değil mi? Bunun daha sağlam olması için fırlayıp bana biraz ip ile biraz pamuk getir, oldu mu Billie?"

Quentin çok tuhaf konuşuyordu, on yaşındaki bir kızla nasıl konuşulacağını bilmiyor gibiydi. Fakat bilmesi gerekiyordu, ne de olsa Victoria da bir zamanlar on yaşındaydı, değil mi?

Dikiş çekmecesinden pamuk almaya gittiğimde, annem oturma odasını temizliyordu.

"Eğlenceli miydi, Billie?"

Gülümsüyordu, ancak eğlenceli miydi derken Quentin'i izlemeyi mi yoksa mızrağımı kastetti, pek anlayamadım. Yalnızca omzumu silkip, "Evet," dedim ve dışarı çıktım.

"Tamam, az sonra bu mızrak uzun bir yolculuğa çıkacak Billie. Haydi gidelim!"

Göz açıp kapayıncaya kadar arka kapıyı açtı ve anneme Puding Tepesi'ne gittiğimizi haber verdi. Sonra da uzun adımlarla ön kapıya doğru yöneldi.

"Ne yapacaksak burada yapsak?.."

"Olmaz. Geniş bir alana ihtiyacımız var. Haydi gel. Arabayla gideceğiz. Öğle yemeğine az kaldı."

Daha önce Quentin ile hiçbir yere arabayla gitmemiştim. Şimdi de gitmek istemiyordum; bunun nedeni birisinin ikimizi birlikte görebileceği olsa da, asıl neden onunla konuşmak zorunda kalmak istemeyişimdi.

Puding Tepesi arabayla tam tamına dört dakika on dokuz saniye sürüyordu. Bunu biliyorum, çünkü bütün bir yol boyunca gözümü arabanın saatinden ayırmadım. Quentin bir CD dinliyordu. Bu müzik evde sürekli çaldığıyla aynıydı.

"Bu, hızlı adımlarla yapılan bir dans müziğidir Billie. Bayılırım."

Müzikle beraber mırıldanmaya başladı. Sesi her zamankinden daha fazla çıkıyordu. Olsun; bu konuşmak zorunda kalmaktan iyiydi.

Tepenin yamacındaki çakıl taşlarıyla kaplı oto parka benzeyen yere park ettik. Kapıyı açtım.

Kapıdan geçip biraz ilerlediğimizde arkamızı yola verdik ve tepeyi izlemeye koyulduk. Buraya Puding Tepesi denilmesinin nedeni, tıpkı bir Yılbaşı pudingi gibi yuvarlak ve üzerinin düz olmasıydı.

Mızrak, Quentin'i oldukça heyecanlandırmış görünüyordu. İpin düğümlü ucunu oyduğu çentiklerden birine geçirirken onu izledim. "Görüyor musun Billie?" Sonra ipi çıtaya boydan boya doladı. "Tamam. İpin geri kalanını eline saracaksın." İpi sarmama yardım etti. "Oldu. Şimdi bütün gücünle fırlatacaksın. Hazır ol... Fırlat!"

Dediğini yaptım. Mızrak ok gibi fırlayıp süzülerek çok uzaklara gitti. O kadar uzağa fırlatabildiğime inanamıyordum. İkimiz de gözlerimize siper ederek tepenin üstünde toprağa çakılana dek mızrağı izledik. Olağanüstüydü.

"Vay, harika!" Artık Quentin'i değil, yalnızca mızrağı düşünüyordum. "Gidip getireceğim."

"İyi atıştı, Billie. İyi bir teknik."

Tepenin zirvesine doğru koşarken köpeklerin niçin sopaların peşinden koşmayı çok sevdiklerini anladım. O kadar hızlı koşmuştum ki, tepeye ulaştığımda bacaklarımda hal kalmamıştı. Aşağıya baktığımda Quentin'in el kol hareketleriyle beni yeniden aşağıya çağırdığını gördüm.

Aşağıya inip yanına gittiğimde, bana mızrağı yalnızca yamaçtan zirveye doğru atmak gerektiğini, başka yöne atarsak yola gidebileceğini söyledi. Haklı olabileceğini düşündüm, çünkü mızrak gerçekten çok hızlı gidiyordu.

"Şimdi benim sıram," dedi, ipi mızrağa geçirip eline dolarken. "Ve, en kritik an..."

Fiyu! Mızrak o kadar hızlı fırladı ki ilk başta onu göremedim bile. Sonra kilometrelerce uzakta süzüldüğünü fark ettim. Yukarı... daha yukarı... Mızrak bir ok gibi gidiyordu, en sonunda gözden kayboldu.

"Vay! Tepenin diğer tarafına gitti!"

"Evet, tahminimce öyle oldu. Oraya kadar gitmemişse bile tepenin üzerinde bir yerlere düşmüştür."

"Gidip bakacağım,"

"Neyse ki çok iyi bir koşucusun Billie. Benim bacaklarım bu tepeyi senin kadar iyi aşamaz!"

"Mızrağı düştüğü noktadan fırlat Billie," diye bağırdı. "Nasıl olsa oradan yola gitme tehlikesi yok."

Tepeyi ikinci kez tırmanırken bacaklarımda ağırlık hissettim. En tepeye ulaştığımda etrafta mızrak filan göremedim ve tepenin diğer tarafını görene dek koştum. İşte, oradaydı! Yamacın ortalarında bir yere saplanmıştı. Kilometrelerce uçmuş olmalıydı. Onu tekrar Quentin'e fırlatmak için sabırsızlanıyordum, acaba onun kadar uzağa fırlatabilir miydim? Tam mızrağı almak için aşağıya doğru koşmaya başlamıştım ki, birden olduğum yerde donakaldım. Yamacın dibindeki çalılıkların yanında gördüklerim nedeniyle içimdeki heyecan birden buhar olup gitmişti; arkadaşlarıyla birlikte teneke kutuda kola içen Liam Compton.

Liam da beni gördü ve tepenin üst tarafına doğru bağırdı. "Hey Billie! Ne yapıyorsun?"

Bir an önce mızrağı alıp oradan uzaklaşmalıydım. Tepenin yamacına doğru hızla koşmaya başladım, bu arada neredeyse tepetaklak düşüyordum. Liam önce hareket etmedi. Kendi kendime, "*Orada kal Liam, orada kal...*" diye fısıldıyordum. Mızrağa ulaşıp onu saplandığı yerden çıkardığımda Liam seslendi. "O elindeki nedir Billie? Bir bakayım." Ve kısa bir süre sonra arkasında onu izleyen Tom, Isaac, Josh ve Ben olduğu halde bana doğru koşmaya başladı.

Bacaklarımın gücü yettiğince oradan kaçıp kurtulabilirdim; ancak bu, Liam'ı daha da meraklandırmaktan başka bir işe yaramazdı, daha da kötüsü Liam beni Quentin'in yanına gidene dek takip ederdi. Bunun gerçekleşmesine hiçbir şekilde izin veremezdim, bu yüzden el yordamıyla mızrağı yerden alıp olduğum yerde beklemeye başladım. Elimden geldiğince önemsiz bir iş yapıyormuşum gibi davranmaya çalıştım, böylece Liam mızrağın bakmaya değer bir şey olmadığını sanacak ve beni yalnız bırakacaktı.

"Bu şey de ne?" diye sordu mızrağı elimden alarak. Kaşlarını çatmış, mızrağın orasını burasını inceliyordu.

"Çok akıllıca, değil mi?" dedi Josh. "Kim yaptı bunu?"

"*Billie* değil, bu çok açık," dedi Liam kıkırdayarak.

Diğerleri de kahkahalarla ona eşlik etti. Kendimi çok kötü hissediyordum. Beklediğim konuşma bu değildi.

"Önemli bir şey değil aslında. Onu... Archie'den aldım..."

"O zaman Archie de yukarılarda bir yerlerde?" diye sordu Tom. "Bunu tekrar ona fırlatsak?"

"Hayır... Ben kendim geldim. Her neyse, şimdi gitmem gerekiyor." Mızrağı Liam'ın elinden aldım; hala önemsiz bir iş yapıyormuşum gibi davranmaya çalışıyordum. Oradan uzaklaşmaya başladım; bir yandan kalbim deli gibi çarpıyor, diğer bir yandan da içimden dua ediyordum. *Lütfen beni izlemesin. Lütfen beni izlemesin.*

İzlemedi de. Fakat daha kötü bir şey oldu. Birdenbire tepenin üzerinde Quentin göründü. Aynı anda da yüzümdeki kan çekildi.

"Sana yardım edebileceğimi düşündüm," diye bağırdı.

"Oooo, Billie bize yalan söylemiş!" dedi Liam küçümseyerek o korkunç sesiyle. Benim de onu duymam için biraz yüksek sesle söylemişti bunu. "Tek başına değilsin, öyle mi? Demek akrabanla birlikteydin. Bana hiç de Avustralyalıymış gibi gelmedi."

Diğerleri gülmeye başladıklarında oradan hızla uzaklaştım. Quentin'in yüzünde bir şaşkınlık ifadesi vardı. Liam'ın son söylediklerini duymuş olmalıydı, bu yüzden kendimi alçak ve korkunç bir kız gibi hissettim. Fakat sonra, eğer Quentin annem ile tanışmamış olsaydı, şimdi burada o aptal Liam Compton yüzünden endişelenmiyor olacağımı düşündüm. Bu yüzden niçin kendimi üzgün hissettiğime bir anlam veremedim. Bütün bunlar Quentin'in suçuydu.

"Ben acıktım. Haydi gidelim," dedim hızla yanından geçerken.

"Ah..." Sesi şaşkın ve üzgün çıkmıştı, fakat umurumda değildi. En azından yamaçtan aşağı inerken beni takip etmişti.

"Onlar arkadaşların mıydı?" diye sordu aşağıya yaklaştığımızda.

Yüzüne bile bakmadan cevap verdim. "Benim sınıfımdalar." Sonra birden arkama bakma zorunluluğu hissettim, aşağıya kadar beni izlemediklerinden emin olmak istiyordum. Ancak izlemişlerdi.

Tek istediğim, bir an önce oradan uzaklaşmaktı. Hemen şimdi. Quentin olan biteni anlamış gibi görünüyordu, çünkü doğruca arabaya yöneldi.

"Başka zaman yine geliriz Billie," dedi.

Bunu duymak bir bakıma içimi rahatlatmıştı, ancak diğer bir yandan da Liam ve arkadaşlarından korktuğum gün yüzüne çıkmıştı. Bu yüzden kendimi aptal gibi hissettim. Ve kendimi aptal gibi hissetmek sinirlerimi bozuyor.

Quentin'in ardından arabaya giderken yere bakıyordum. Tam arabaya birkaç metre kalmıştı ki, bir korna sesi duyduk. Annemle Victoria'nın ortaklaşa kullandıkları mavi Fiesta bize doğru yaklaşıyordu.

"Öyle görünüyor ki yalnız değiliz, Billie," dedi Quentin.

Victoria, arabayı Quentin'inkinin yanına park ederken kalbim duracak gibiydi, çünkü Liam ve diğerleri de geliyorlardı.

"Merhaba tatlım!" dedi Quentin.

Victoria arabadan indi. "Merhaba babacığım. Öğle yemeğinin hazır olduğunu söylemek için gönderildim." Bunu söyledikten sonra bir bana bir de elimdeki mızrağa baktı. "Eğleniyor musun Billie? Baba kız kaçamak yaptınız demek! Konu mızraklar olunca harika bir baba oluveriyor, öyle değil mi," dedi gülerek. O an bir misket olup kanalizasyon borusundan yuvarlanmak istedim, çünkü biliyordum ki Liam ve çetesi hemen arkamdaydı.

Bu sözler üzerine Quentin kıkırdayarak arabanın kapısını açtı ve bindi. "İşte gidiyoruz!"

Liam arkamda geziniyordu. Bana doğru dönüp kaşlarını kaldırdı. "Demek ki o akraban değil, Billie." Kısık ve küçümseyen bir tonda demişti bunu. "O zaman o ya *gerçek* baban, ya da üvey baban. Başından beri yalan söylüyordun, değil mi?"

Birden çığlık atmak, ağlamak istedim. Bu hiç de adil değildi. Hiçbir şey adil değildi. Sinirden kanım kaynıyordu, sözcükler ben istemeden ağzımdan çıkıverdi. "Çok bilmek istiyorsan söyleyeyim, o *hiçbir şekilde* babam değil!"

Tam bu sırada Quentin'in kapıyı hızla çarptığını duyduk. Sanırım söylediklerimi duymuştu.

Kendimi, ağzımdan çıkan sözcüklerin duvarlarına çarpıp tekrar bana döndüğü bir tünelde gibi hissettim, sözcükler bir bir yankılanıyordu. Ancak sesler zayıflayacağı yerde gittikçe yükseliyordu. Victoria dudaklarını büzdü ve hiçbir şey demeden arabasına binip gitti. Liam yolda gezinmeye devam ediyordu. Gözümü dikmiş uzaklara bakıyordum, en sonunda buna daha fazla katlanamayacağımı anladım. Elimdeki aptal mızrağı yere fırlatıp Liam'dan uzaklaştım ve eve doğru koştum.

Bir dakika sonra dönüp arkama baktığımda Quentin'in daha motoru bile çalıştırmamış olduğunu gördüm. Arabanın içinde oturuyordu. Umurumda değildi.

Ondan uzaklaşmaktan başka hiçbir şey umurumda değildi.

Sonsuza dek.

9 Korkunç Düşünce

Arka kapıdan içeri girdim. Evlat edinilme üzerinde kafa yormayı her şeyden çok istiyordum. Bu evde kalıp bu aile ile bir dakika bile geçirmeye niyetim yoktu. Neyse ki ne annem ne de Victoria mutfaktaydı. Fakat arabası buradaydı, masanın üzerinde ise öğle yemeği duruyordu. Ortada bir kase salata, Fransız usulü börek, biraz jambon ve yeni kızarmış patatesler. Aslında çok aç değildim. Kafamdaki düşünceler ve hissettiklerim karnımın açlığını gidermişti, midemde daha fazlasına yer yoktu.

Doğruca üst kata koştum, arkamdan kapıyı kapatıp yere çömeldim. Sırtımı duvara yaslayıp dizlerimi karnıma doğru iyice çektim, fakat anlaşılan yeterince çekmemiştim. Başımı dizlerimin arasına gömdüğümde, aklımdaki düşünceleri de böyle gömebilmeyi diledim. Ancak bunu yapmak olanaksızdı, çünkü düşüncelerim çok sarsıcıydı, yalnızca bana saldırmakla kalmıyor, bir de arka ayakları üzerine dikelip hırlıyorlardı.

Bu *benim* hatam değildi. Puding Tepesi'ne hiç gitmemeliydik. Gerçi başka bir yere gitmiş olsaydık bile durum değişmezdi. Liam Compton'ın nerede bitivereceğini bilemezsiniz. O aptal çetesini de yanına alıp buralardan gitse ne güzel olur. O zaman ben de ekimde ortaokula başlar ve üvey baba sıfatıyla hayatıma giren Quentin'i sorun etmezdim. Sorun etseydim bile, ki bu konuda çok haklıyım, tıpkı ilkokulda olduğu gibi ortaokulda da gerçekleşen veli geceleri, spor günleri ve bunlar gibi bir takım etkinlikler yüzünden sorun ederdim. Annem bu etkinliklere Quentin ile birlikte gidecek ve herkesin gözü önce onların, sonra da benim üzerime dikilecekti.

Ayağımı kaldırıp hızla yere indirdim. Annemin bu sırada mutfakta olmasını diledim, bu onu şaşırtırdı. Bütün bunlar onun suçuydu. Quentin'le evlenirken bir an durup beni düşünmedi, haksız mıyım? Dışarıda bir araba sesi duydum. Quentin geri dönmüştü. 'Acaba Billie benimle konuşur mu?' diye kafa yormasına gerek yok. Aynı şey Victoria ile annem için de geçerli. Onlarla konuşmayacağım. Hem zaten yakında bu evde yaşıyor olmayacağım. Doğru düzgün, şirin bir aile beni evlat edinecek. Planımın sıradaki aşamasını gerçekleştirmek için daha fazla beklemeyeceğim.

"Ellerini yıkayıp gel Billie, yemek hazır."

Başımı kaldırıp haykırdım, "Aç değilim."

Fakat o sırada aç olduğumu fark ettim. Kafamın içinde bir oraya bir buraya savrulan düşüncelere karşın midemin kazındığını hissedebiliyordum.

Merdivenlerde ayak sesleri duydum, gelen Victoria'ydı. Benimle konuşmak için geldiğine bahse girerim. Sert kayaya çarpacak!

"Billie, girebilir miyim?"

"Hayır."

Fakat beni duymazlıktan gelerek içeri girdi, önümde diz çöktü ve yüzüne bakmam için uğraştı. Başımı başka yöne çevirince elini dizime koydu. Ben de ayağa kalkıp pencerenin yanına gittim.

"Billie..." Victoria sırtıma konuşuyordu. "...hepimiz yeni bir üvey babaya alışmakta zorluk çektiğini biliyoruz..."

"Hayır, hiç sanmıyorum."

"O zaman seni anlamamız için biraz yardımcı ol. Bize sorunun ne olduğunu söyle... belki o zaman sana yardımcı olmayı deneyebiliriz. Zavallı babacık şimdi geldi ve yüzünden düşen bin parça."

O anda, nasıl olduysa bütün öfkem yerini derin bir üzüntüye bıraktı. Eğer tek kelime edersem hıçkıra hıçkıra ağlayacağımı biliyordum; bu yüzden sessiz kaldım ve gözyaşlarıma engel olmak için gözlerimi kırpıştırıp yutkundum.

"Babam mızrağın hoşuna gittiğini söyledi, o çocukların ortaya çıkmasıyla beraber utandığını da anlattı. Fakat ortada utanılacak bir şey yok ki! Onlar kötü çocuklar, onları duymazlıktan gelmelisin."

Elini omzuma koyunca onu ittim, çünkü bu, boğazımdaki düğümün bana daha fazla acı vermesine neden oluyordu. Yeniden o eski öfkeli halime döndüm. "Sen hiçbir şey hakkında hiçbir şey bilmiyorsun!" diye haykırarak sinirli bir şekilde odadan çıktım.

Koşarak aşağı kata inerken az kalsın annemi deviriyordum.

"Orada dur bakalım!" Annem omuzlarımdan kavrayıp beni sertçe mutfağa sürükledi. Eliyle omuzlarıma bastırdığında ise kendimi sandalyede buldum. Daha önce onu bu kadar sinirli gördüğümü anımsamıyorum. "Burada oturup önündekileri bitireceksin."

Kendimi gerçekten aptal gibi hissetmiştim, çünkü masada Quentin de vardı ve hiçbir şey olmamış gibi tabağına börek alıyordu. Bir süre sonra Victoria da bize katıldı. Annem ona gülümsedi ve birlikte önceki akşam televizyonda izledikleri bir şey hakkında konuşmaya başladılar. Annem, Victoria'ya üzerindeki bluzun onda çok güzel durduğunu söyledi ve öğleden sonra bir planı olup olmadığını sordu. Quentin tabağıma biraz börek, kızarmış patates ve salata koydu. Victoria da birkaç dilim ekmeği bana uzatırken annemin bana baktığını bildiğim halde 'hayır' anlamında başımı salladım. O beni ekmek yemeye zorlayamazdı, öyle değil mi?

Bu yemek, hayatımın en kötü yemeği oldu. Sırf annem yeniden köpürmesin diye yedim. Üç yetişkin, sanki ben orada değilmişim gibi kendi aralarında konuşuyorlardı. Kendimi masanın başucunda oturmasına rağmen olan bitenden soyutlanmış biri gibi hissettim. Masada bire üçtük ve bu ailede kalmaya devam ettiğim sürece hep bire üç olacağımızdan emindim. Fakat ne de olsa burada kalmayacaktım, değil mi?

Mızrağın şifoniyerin üzerinde durduğunu fark ettim, uçuş takımları eğilmişti. Sanırım bu onu yere fırlattığımda olmuştu.

"Demek işe yaradı," dedi annem birdenbire, sanki aklımdan geçenleri okumuştu.

Kalbimin hızla attığını fark ettim.

"Ah, evet, bayağı iyiydi," dedi Quentin anneme gülümseyerek. "Kilometrelerce gitti."

Victoria bir kahkaha attı. "Bana yaptığın mızrakları hatırlıyor musun baba?"

Quentin kıkırdadı. "Ne kadar büyük olduklarına bakmazdın bile, nasıl olsa hiçbiri ilgini çekmezdi, değil mi?"

Victoria hala gülüyordu. "Mızrağın ucuna taktığın o pembe tüyler bile ilgimi çekmiyordu..."

"Biliyor musun, bunu unutmuşum!"

Bunu dedikten sonra birden gülmeyi kesti ve gözlerini duvara dikti. Nereye baktığını görmek için Quentin'in gözlerine baktım, fakat baktığı yerde hiçbir şey yoktu. Düş görüyor olabileceğini düşündüm ve neyi düşlediğini merak ettim. Victoria küçük bir kızken ona mızraklar yaptığını ve Victoria'nın bu mızraklara ilgi göstermediğini düşünmek kulağa tuhaf geliyordu. Ve şimdi bir tane daha yapmış, *benim* de hoşuma gitmemişti. Aslına bakarsanız gitmişti. Gerçek bir mızrağa hayır demezdim.

Yine bir düş baloncuğunun içindeydim. Quentin'in gizliden gizliye Victoria gibi çıtı pıtı bir kız yerine, onun yaptığı mızraklardan hoşlanacak benim gibi biraz haşarı bir üvey kızı olması istediğini düşünüyordum. Fakat baloncuktan çabuk sıyrıldım. Böyle düşünseydi ne olurdu ki? *Onun* benim üvey babam olmasını istemiyordum.

Bir şey söyleyecekmiş gibi bakmış olmalıyım, çünkü annemle Victoria kafalarını bana doğru eğmiş, bekliyorlardı.

"Efendim Billie?" diye sordu Victoria o yumuşak sesiyle.

"Yok bir şey." Ona ters ters baktım.

Yemek bitince annem sofrayı bana toplattı ve bulaşıkları makineye koydurttu. Hala bana öfkeli olduğu belliydi, fakat neyse ki olanlardan söz etmiyordu. İşim bitince odama çıktım ve pencereden dışarıyı seyre koyuldum. Çimenlikte gördüğüm papatyalar bana Neil'in Maisie'ye yaptığı papatya kolyesini anımsattı. Bu, yapması çok hoş bir şeydi.

Belki hemen Archie'yi arayıp önümüzdeki hafta bir gün okuldan çıktıktan sonra onlara uğrayıp uğrayamayacağımı sorsam iyi olurdu, çünkü bugün gitmemin imkanı yoktu. Fakat gideceğim zaman Suky ve Neil'in de evde olduğundan emin olmalıydım.

"Merhaba Arch, benim."

"Merhaba, ne yapıyorsun?"

"Bir şey yaptığım yok." Sonra ne olur ne olmaz diye sesimi alçalttım. "Az önce Puding Tepesi'nde kimi gördüm bil bakalım."

"Bilemeyeceğim."

"Liam, Tom ve diğerleri."

"Puding Tepesi'nde ne yapıyordun?"

"Quentin'in yaptığı mızrağı deniyorduk."

"Hey, süper! Çok şanslısın Billie. Biz de annem ve babamla eski bir çiçek bahçesine gittik."

"Güzel, fakat anlamıyor musun Archie? Liam oradaydı diyorum. Benimle Quentin'i gördü ve artık onun benim üvey babam olduğunu biliyor. Bu korkunç bir şey. Eve kadar tüm yolu koşarak geldim."

"İyi haber. Demek ki artık Liam olan biteni gazetelerden öğrenecek diye endişelenmeyeceksin."

Hiç böyle düşünmemiştim...

"Mızrak nasıldı, anlat bakalım!"

"Yalnızca... bildiğimiz mızrak işte. Fakat çok uzağa gitti."

Mızrak hakkında konuşmak istemiyordum çünkü bu korkunç bir anının parçasıydı. Hala pencereden çimenleri seyrediyordum; bu sırada aklıma parlak bir fikir geldi. İşte bu sefer ilham gelmişti.

"Annen ne tür çiçeklerden hoşlanır Arch?"

"Çiçek mi? Bilmem ki."

"Maisie'nin saçını kestiğim ve ona kola verdiğim için hediye olarak çiçek almayı düşünmüştüm."

"Bildiğimiz çiçeklerden hoşlanır işte, hani şu çiçekçilerde satılanlardan. Fakat onlar çok pahalı olur Billie. Almana gerek yok."

Birden moralim bozuldu. Çiçeklere o kadar para veremezdim. Zaten daha Archie'ye olan beş pound'luk borcumu da ödeyememiştim. Bu aklıma gelince bir anlık sessizlik oldu. Annemle aramız o kadar bozulmuştu ki şu sıralar bana harçlık vermesine olanak yoktu. Sanırım tam bu sırada Archie yine aklımdan geçenleri okuyordu, çünkü birden, "Bana beş pound borcun vardı ya," dedi.

"Evet."

"Vermene gerek yok. Annem o tehlikeli türler

CD'lerinin eğitim amaçlı olduklarını söyleyince, büyükannem bende olmayan CD'yi alacağını söyledi, bu yüzden benim almama gerek kalmadı."

Bu sözler kendimi Archie'ye karşı nasıl minnettar hissetmemi sağladı anlatamam. O, bir insanın sahip olacağı en iyi dostlardan biri. Büyükannesinin CD'yi alacağını söylemeyip paramı kolaylıkla alabilirdi. Kısa bir süre sonra ona duyduğum minnettarlık, yerini büyük bir mutluluğa bıraktı. Archie, yakında yalnızca en iyi arkadaşım olmayacak, kardeşim olacaktı. Bu harika bir şey!

Telefonu kapatırken hala çok heyecanlıydım. Hafta içi Archie'lere uğrama işini ayarlamak tamamen aklımdan çıkmıştı, fakat önemi yoktu. Bunu ertesi gün okulda da ayarlayabilirdim. Şu an Suky'ye vereceğim çiçekleri düşünmeliyim. Çimenlikteki papatyalar gözüme çıtı pıtı göründü. Ancak ben daha büyük çiçekler alacaktım. Aklımda manken gibi dimdik duran uzun, kocaman kırmızı laleler vardı. Harika planlarımdaki harika anneye verilecek harika bir çiçekti bu. Çiçeği verdiğimde Suky benim ne kadar hoş, sevimli, bir o kadar da düşünceli bir kız olduğumu düşünecekti. Çiçekleri gördüğünde yüzünün alacağı ifadeyi gözlerimin önüne getirebiliyorum. Büyük olasılıkla beni öper. Suky'nin daha önce beni öptüğünü hatırlamıyorum. Belki ben çok küçükken öpmüştür. Şu sıralar bana yalnızca sarılıyor. Öpücük daha çok anneye özgü bir şey. Yani daha çok anne kız arasında olur. Bu sözler hoşuma gidiyor!

Tam yatak odasının kapısına ulaşmıştım ki, büyük bir sorunla karşılaştım. Hiç param yoktu! Archie'nin beş pound'undan vazgeçmesi, beş pound kazandığım anlamına gelmiyordu. Hala cebimde beş kuruş yoktu. Tekrar çıldırmakta haklıydım. Büyük bir öfkeyle odamın altını üstüne getirmeye koyuldum. Belki unutulmuş birkaç bozukluk vardır diye bütün çekmecelerimi taradım - bu beş penny bile olabilirdi. Fakat bir penny bile yoktu. Üstelik görünüşe göre en az beş pound'a ihtiyacım vardı. Archie çiçekçilerin çok pahalı olduklarından söz etmişti. Fakat o çiçekleri *almalıydım.* Bu sırada aklıma korkunç bir fikir geldi. Bu düşünceyi unutmak için çok çabaladıysam da bir türlü aklımdan çıkartamadım.

Parayı çalabilirsin, Billie.

Çalmak doğru değil. Bir suç.

Fakat kimse anlamaz.

Ya anlarlarsa?

Farklı herkesten azıcık azıcık alacaksın, bütün parayı bir kişiden değil.

Fakat çalmak doğru değil.

Yeniden başa dönmüştüm. Aynı cümleler defalarca aklımdan geçti, ancak herkesten azıcık alma fikrine gelince durdum.

Çaldığımı düşün... Bir düşün... Bunu nasıl yapacaktım?

Herkesten ya bir buçuk ya da iki pound almam gerekirdi. Annemden almak çok kolaydı, çünkü çoğu zaman cüzdanında ne kadar para olduğu bilmiyor. Sıradaki en kolay kişi Victoria'ydı, çünkü o paralarını sürekli sağda solda bırakırdı ve biraz oradan biraz buradan alsam fark etmezdi. Ancak Quentin en zoruydu, en zenginin o olduğunu bilmeme karşın daha önce hiçbir yerde parasını görmemiştim. Yalnızca pantolon cebinden gelen şangırtıları duymuştum... Hmm. Bu aklıma bir fikir getirdi... Quentin sabahleyin banyoda tıraş olurken, annem de aşağıda kahvaltıyı hazırlarken pantolonun yatak odasında olması gerekiyordu.

Ve korkunç planımı gerçekleştirmeye karar

verdim. Hemen yarın sabah yapacaktım bu işi. Bu korkunç bir şeydi, ama değerdi.

Kesinlikle değerdi. Evlat edinilmek. Kendime sürekli bunu söylüyordum.

10 Mektup

Buna karşın ertesi sabah çalma planını gerçekleştirecek cesaretim yoktu. Sanırım bunun nedeni tüm cesaretimi okula saklamak isteyişimdi. Sınıfa girip Liam'la karşılaşmaktan çok korkuyordum, bu yüzden annem beni okula bıraktığında okul bahçesinin bir köşesinde gidip uzun süre orada kaldım.

En sonunda zil çaldı. Artık içeri girmek zorundaydım. Gözlerim Archie'yi aradı, fakat onu göremedim. Yoklamayı yapmak için okula girmiş olmalıydı,. bu onun göreviydi.

"Hey Billie, baban nasıl?"

Liam bunu o kadar yüksek sesle söylemişti ki, herkes dinlemek için işini gücünü bıraktı.

Lütfen acele et, buraya gel Archie.

"Duymadın mı?" diye devam etti Liam sınıfa doğru sırıtarak. "*Babanı* sordum!"

Liam'ın arkadaşları kahkahayı bastı. Ancak Liam, yüzüne aptal ve acınacak bir ifade takıp poposunu sallandıra sallandıra sınıfta yürümeye başlayınca gülme krizine tutuldular.

"Bu, Billie'nin ablası, izleyin..." Liam yüksek ve tiz bir sesle, "Aaah, babacığım, ne kadar da güzel bir oyuncak!" dedi.

Bu sözler üzerine iş çığırından çıktı. Liam'ın arkadaşlarının gülmekten karınlarına ağrı girmişti. Hatta sınıftaki kızlar bile birbirlerine gülümsüyordu. Birden tepem attı.

"Aslına bakarsanız o mızrak sizin yaptığınız herhangi bir şeyden çok daha güzel!"

Bu sözlerin ağzımdan çıktığına inanamadım.

Böyle söylemek için beynime emir vermemiştim. Fakat söylemiştim ve söylediğim için de bir an için kendimle gurur duydum, çünkü Liam ve arkadaşları oldukça şaşırmış görünüyordu. Tam bu sırada Archie ile öğretmen sınıfa girdi.

"Oturun lütfen," dedi Mrs Palmer. "Yoklamayı alıyorum, sessiz olun lütfen."

Öğretmen olmak harika bir şey olmalı. Sessizliği sağlamak için ellerinizi çırpmanız yeterli. Keşke Liam Compton o korkunç ve kocaman ağzını her açtığında böyle yapabilseydim.

Sessizlik, Liam Compton.

Bu harika olurdu.

Liam, Quentin ve Victoria ile dalga geçtikçe onları hayatımı mahvettikleri için daha çok cezalandırmak istiyordum. Ve annemi. Niçin üçünden de para almayacaktım? Bana yaptıkları onca şeyden sonra paralarını almışım, çok mu?

Tek sorun, bu şansı bir türlü elde edemememdi. Victoria birdenbire düzenli bir kız olup çıkıverdi, artık eskisi gibi paralarını sağda solda bırakmıyordu. Sonra annem var tabii. Cüzdanı çantasının içinde, çantası da mutfaktaydı, fakat sanki uyarılmış gibiydi çünkü ne zaman çantasının yanına gitsem annem de orada bitiveriyordu.

Geriye Quentin kalmıştı. Tıraş olurken gizlice annemle onun odasına girdiğimde, şifoniyerin üzerinde duran paralarını gördüm. İlk olarak ne kadar şanslı olduğumu düşündüm, fakat paraların arasında ne madeni bir pound ne de elli penilik bozukluklardan vardı. Yalnızca iki tane yirmi pound'luk banknot ve birkaç tane iki ve bir penilik bozukluklardan vardı.

Bunun üzerine neredeyse Suky'ye çiçek almaktan vazgeçtim çünkü bu durum gittikçe karmaşık bir hal almaya başlamıştı. Fakat çiçekleri gördüğünde yüzündeki gülümsemeyi hayal etmeden de duramıyordum, "Mmm, ne kadar güzeller! Bunlar benim en sevdiğim çiçekler, Billie!" diyecekti. Sonra benden çiçekleri yerleştirmek için yardım isteyecekti (tabi beni öptükten sonra). Fakat düş baloncuğunun bu bölümü biraz saçmaydı, laleleri yerleştirmek için iki kişiye gerek yok, öyle değil mi? Demeti olduğu gibi bir vazoya koysanız yeterli olur. Belki de her yanından otlar sarkan kocaman bir çiçek demeti işleri daha da kolaylaştırabilir. Tabii ya! Böylece çiçek demetini ayıklarken yere düşen yapraklara, ot parçalarına güleceğiz. Victoria, kitaplığın arkasına bir posta kartını düşürdüğünde böyle olmuştu. Kartı almak için annemle birlikte kitaplığı öne çekerken bütün kitapları yere düşürmüş ve ikisi birden kahkahalara boğulmuş, sakinleşinceye kadar da epey bir zaman geçmişti.

Çiçek düşümden sonra, aklıma yerini harika bir plana bırakan bir fikir geldi. Bu fikir şuydu: Elimde çiçeklerle beraber bizim evden Archie'nin evine kadar koşacaktım. Neil ve Suky'ye de, çiçekler uzun süre susuz kalıp ölmesinler diye oraya kadar bütün gücümle koştuğumu söyleyecektim. Tam bu sırada Neil'e ciddi anlamda antrenmanlara başladığımı söyleyecektim ve o da bu haberden etkilenecekti. Evet, güzel bir plan Billie!

Fakat o sarsıcı düşünce yine gürleyerek aklıma girdi. Bu o kadar da güzel bir plan değildi. Aksine çok aptalca bir plandı, çünkü önemli bir noktayı gözden kaçırmıştım. Planda sözünü ettiğim koşu kısmını yapamazdım çünkü annem buna izin vermezdi. Bu büyük bir haksızlık. Archie'nin evlerinin yakınlarında başka ev olmadığı için annem orasını çok uzak olduğunu, hatta neredeyse şehir dışında olduğunu söylüyor. Bununla da yetinmeyip yolun çok tehlikeli ve dolambaçlı olduğunu, daha da kötüsü bazı bölümlerinde kaldırım bile olmadığını söylüyor.

Fakat, bir dakika... Anneme evimizin yakınlarında koşu antrenmanı yapacağımı söylersem? Archie'lerde çok uzun kalmazsam oraya gittiğimden asla haberi olmazdı. Yolda birisi beni görürse de, onlara artık on bir yaşıma girdiğim için annemin bazı konularda bana izin verdiğini, Archie'lere tek başıma gitmemde bir sakınca görmediğini söylerdim.

Sonra sıra planın en önemli aşamasına gelecekti. Bunu düşünmek bile aklımı başımdan alıyordu. Tam eve geri dönmek üzereyken Suky'ye yazmış olduğum bir mektubu verecek ve ona ben gittikten sonra mektubu özel olarak okumasını söyleyecektim. Mektupta onların ailesine ne kadar uygun olduğumu ve Neil ile birlikte beni evlat edinirlerse ne kadar iyi bir kız olacağımı bir bir anlatacaktım. Bu düşüncelerimi mektupta en iyi şekilde anlatmanın yollarını aradım. Süper! Zekice! Harika! Hemen çalmakla başlayıp bu işi bir an önce bitirmeliyim.

Mutfağa girdiğimde annem içi çöp dolu siyah bir kovayı dışarıya çıkarmak üzereydi. Çantası her zamanki yerde, sandalyenin arkasındaydı. Victoria dışarıda, Quentin de oturma odasında bir şeylerle meşguldü. Masanın üzerinde bir yığın mektup vardı; bu, onun her an buraya gelebileceğini gösteriyor. Eğer bu parayı çalacaksam elimi çabuk tutmalıydım.

Tamam Billie, ya şimdi ya hiç!

Sağıma ve soluma bir göz attım, annemin cüzdanını çıkarırken kendimi bir filmdeki hırsız gibi hissettim. Cüzdan oldukça ağırdı. Güzel. Fermuarlı ön cebinde iki tane elli peni ve birkaç tane daha bozukluk vardı. Hiç banknot var mı diye bakmadan madeni bir pound'u ve elli peni aldım. Bu bozuklukların eksikliğini ruhu bile duymazdı çünkü bu iki paranın yokluğu hiç belli değildi. Fermuarı çabucak kapatıp cüzdanı tam aldığım yere koydum ve kalbim deli gibi atarak üst kata fırladım.

Bu çok kolay olmuştu. Bu, diğer operasyonların da başarılı geçeceğine dair bir işaret olmalıydı. Merdivenin başına gelip en üst basamaktan annemin nerede olduğunu duymaya çalıştım. Hiçbir yerden ses gelmiyordu, böylece doğruca Victoria'nın odasına girdim. Odanın çok dağınık olduğunu söyleyebilirim. Benim odam böyle dağınık olsa, annem çok sinirlenir ve hemen toplamamı emrederdi. Ederdi de, nasıl oluyordu da Victoria'ya ses çıkarmıyordu?

Gardıroba, şifoniyere, pencerenin önüne baktım, fakat ortalıkta para yoktu. Yerlere, yatağa, hatta yatağın ucundaki masaya bile baktım. Hala bulamamıştım. Sonra gözüm Victoria'nın giysilerine ilişti. Yatağın bir kenarında iki kot pantolonunu, bir kot ceketini ve başka bir ceketini bırakmıştı. Bunlar, cebi olan tek giysileriydi. Hepsini kontrol ettim. Her an annem içeri girecek ve burada ne aradığımı soracak diye ödüm kopuyordu, çünkü ona verecek en ufak bir mantıklı cevabım yoktu. Bu yüzden tam koşarak dışarı çıkmaya hazırlanıyordum ki, gözüm Victoria'nın kirli sepetinde aerobik yaparken giydiği eşofmanları takıldı. Eşofmanları sepetten çıkarttım, elimi cebine soktuğumda soğuk bir şey hissettim. Bu madeni bir 1 pound'du. Harika! Harikadan da öte, belli ki bunu cebinde unutmuştu. Süper!

Artık iki buçuk pound'um vardı. Oley! Ertesi gün Quentin'i tekrar denerdim, fakat şimdi çabucak odama dönüp mektubu yazmalıydım. Bunu çok uzun zaman alacağını ve sık sık yazdıklarımı karalayacağımı biliyordum. Fakat beş dakikada bitmesine şaştım kaldım, üstelik çok düzgün bir yazı olmuştu.

Sevgili Suky ve Neil,

Bu mektubu aldığınızda şaşıracağınızı biliyorum, fakat umarım bu şaşkınlığınız olumlu yönde olur. Öyle görünüyor ki annem Quentin ile evlenmenin güzel bir şey olacağını düşünmüş, ancak evlendiği adamın benim babam olmasını istemediğimi fark etmemiş. Annem, Quentin, Victoria, hepsi yetişkin insanlar; eğer ben sizinki gibi başka bir ailede yaşıyor olsam beni özlemezler. Zaten her zaman bir erkek kardeş, bir kız kardeş ve bir köpek istemişimdir; sırası gelmişken, elimden geldiğince kusursuz bir kız çocuğu olmaya çalışırım. (Oldukça iyi bir koşucuyumdur Neil, hatta ben koşarken zaman tutmak istersin diye düşünmüştüm, hem istersen ben de sana tutarım). Eğer ailenize katılmama izin verirseniz dünyadaki en mutlu kız olacağım. Gerçekten çok teşekkürler.

Evlat edindiğiniz kızınızdan (umarım öyle olur) sevgiler!

Billie GRIGGS!!!

Mektubu iki kere okuyup bir zamanlar içinde doğum günü kartı olan eski bir zarfın içine koydum. Zarfın ön yüzüne *SUKY'YE* yazdım ve Suky'nin başına *BILLIE'DEN* diye ekledim. Zarfın kapağını seloteyple yapıştırdım. Seloteybin yapışkanlığı kalmamıştı çünkü bitmek üzereydi. Suky'nin zarfın dış görünümüne aldıracağını sanmıyordum. Ne de olsa önemli olan, zarfın içinde yazılı olanlardı.

Suky'nin mektubumu okuyacağını düşününce heyecandan her yanım titredi. Mektubu okuduktan sonra Neil'i çağırıp birlikte mektuba baktıklarını hayal edebiliyorum. Mektubu okuduktan sonra gözleri dolacak, fakat bunlar mutluluk gözyaşları olacak. Sonra birbirlerine bakıp, "*Billie ne kadar zeki bir kız ki böylesine inanılmaz bir plan yapmış. Bu gerçekten çok anlamlı. Onu tabii ki de evlat edineceğiz,*" diyeceklerdi.

11 Zamana Karşı Yarış

Perşembe günü uyandığımda kendimi çok iyi hissediyordum. Sanırım bu, yaşamımda her şeyin düzeleceğine dair başka bir işaretti.

Zıplayarak yataktan kalktım ve giyindim. Quentin'in banyodan gelen sesini duyar duymaz yatak odalarına süzüldüm. Şifoniyerin üzerine baktığımda dünyalar benim oldu. Çekmecenin üzerinde bir sürü bozukluk ve birkaç banknot vardı. En hızlı hırsızdan daha hızlı davranarak iki buçuk pound aldım ve çok görünmeleri için diğer bozuklukları elimle yaydım. Sonra yine sessizce dışarı çıkarak odama girdim. Quentin'in parasını annemin ve Victoria'nınkilerle birleştirip içinde çeşitli süslerimin olduğu küçük kutunun içine koydum. Kutuyu da içi ıvır zıvırla dolu olan dolabımın arkalarına sakladım. Annem kutuyu orda asla bulamazdı, zaten diğer ikisinin de odama girdiği yoktu.

Okul bahçesindeki sırada Archie'nin arkasında dururken birden içimden her şeyi ona anlatmak geldi, aksi halde olan bitenden en son o haberdar olacaktı. Onun en iyi arkadaşım olduğunu ve yakında kardeşim olacağını hesaba katarsak bu ona karşı bir haksızlık olurdu. Fakat hala içimde durmadan konuşan küçük bir ses vardı: *Ya Archie bunun iyi bir fikir olmadığını düşünürse?* Böylece bir süre daha Archie'ye bir şey söylememeye karar verdim. Ne de olsa planımın gerçekleşmesine az bir süre kalmıştı. Bu aklıma bir şey getirdi...

"Archie, çiçekleri annene daha sonra versem olur mu?"

Bunu söylerken bir şeyi fark ettim. Çiçekleri nasıl alacaktım? Annem tek başıma kente inmeme kesinlikle izin vermezdi. Çok uzaktı; ondan benim için çiçek almasını da isteyemezdim. Victoria'dan da isteyemezdim, çünkü kim için istediğimi mutlaka sorardı. Planın bu önemli kısmını doğru düzgün ayarlayamadığım için kendi kendime kızdım. Ve tabii ki de suçu annemle Quentin'in üstüne attım.

Günüm dünden kötü geçti. Mrs Palmer okuduğum şiiri beğenmediği için bana kızmıştı. Bu büyük bir haksızlıktı. Bu şiiri yazmak için epey bir kafa yormuş, kağıda da düzgün bir biçimde dökmüştüm; ama Mrs Palmer'ın tek yaptığı çok acele ettiğimi ve en iyi sözcükleri kullanmak için hiçbir çaba sarf etmediğimi söylemek olmuştu.

"Şunu unutma Billie. Düşüncelerini kaleme aldığın zaman, yazdıkların söylediklerinden daha etkili olur."

Bunu zaten biliyordum. Yazdığım mektupta bunun farkına varmıştım. Suky şaşıracak, aynı zamanda da sevinecekti, çünkü her gün karşınıza evlat edinilmek için ailenizi seçen biri çıkmaz. Bu olayı şampanyalarla, hediyelerle kutlayacağından eminim.

Saat altı buçukta eşofmanlarımı giyip bir cebime mektubu, diğer cebime de paraları koydum. İyice düşünüp taşındıktan sonra Archie'nin çiçekleri annesine hafta sonunda bütün aile alışverişe gittiği zaman vermesini kararlaştırdım. Kırmızı lale almasını ve onların benden olduğunu Suky'ye söylemesini sıkı sıkı tembih ettim. Beş pound'u Archie'ye ertesi gün okulda verebilirdim, ancak çalınabilirdi (parayı çaldıktan sonra bunu söylemenin komik olduğunun farkındayım), bu yüzden parayı şimdi vermek daha güvenliydi. Ayrıca Archie'ye para verme planı çiçek planından daha iyiydi, çünkü ellerimde çiçek olmadığı için daha hızlı koşabilecektim, bu da Neil'in daha fazla etkileneceği anlamına geliyordu. Bu, kesinlikle planın en önemli aşamasıydı. Heyecandan yerimde duramıyordum. Kendi kendime kıkırdadığımı fark ettim ve buna engel olmak için kendimi sıktım.

Annem lavabonun başında bir şeyler yapıyordu.

Sesimi olabildiğince normal çıkarmaya çalıştım. "Ben koşuya gidiyorum anne. Olur mu?"

"Koşuya mı? Nereye?"

"Buralardayım. Biraz çevrede koşacağım. Antrenman yapmak istiyorum."

"Ne için?"

"Çünkü sağlık için gerekli."

Gülümsedi. "Bak bu konuda haklısın. Dur ben de seninle geleyim!"

"Hayır! Sen bana yetişemezsin anne!"

"Bu kadar endişelenmene gerek yok tatlım, sadece şaka yapıyordum."

Ohh!

Sonra saatine bakıp kaşlarını çattı. "En geç yedi buçukta evde olacaksın, anlaştık mı Billie?"

Başımı salladım. "Dışarı çıkmadan Archie'ye bir telefon edebilir miyim? Yarın okula bir kitap getirecekti, unutmasın diye hatırlatacağım."

Annem benimle ilgilenmiyordu. Tıkanmış lavabo deliğini temizliyordu.

"Tamam, edebilirsin."

Bunun üzerine oturma odasına geçip Archie'nin numarasını çevirdim. Aslında ona bir kitap hatırlatacağım filan yoktu, yalnızca Neil'in evde olup olmadığını soracak ve ona ne kadar hızlı koşabildiğimi gösterecektim.

Sonra aklıma yeni bir fikir daha geldi. "Babana bizim evden sizin eve ne kadar sürede koşacağımı tahmin etmesini söyler misin?"

"Buna annenin izin vermediğini sanıyordum."

Az kalsın ona yine gerçeği anlatacaktım, fakat tehlikeli bir iş yaptığımı düşünüp annesine ya da babasına söyleyebilirdi. İşte Archie böyle biri.

"Annem izin verdi, neredeyse on bir yaşındayım."

"Doğru, gelecek pazartesi doğum günündü, değil mi?"

Doğum günümü tamamen unutmuştum. Normalde doğum günüme iki ay kala her haftanın her gününün her saatinin her dakikasının her saniyesi bu özel günü düşünürdüm. Fakat bu yıl biraz farklıydı. Bu yıl, düşünmem gereken daha önemli bir şey vardı.

Archie babasıyla konuşuyordu, fakat ne dediğini duyabiliyordum. "Sence Billie'nin evinden buraya koşmak ne kadar sürer baba?"

"Bilmem... ne kadar hızlı koştuğuna bağlı. On beş dakika olabilir."

Telefonu kapadığım zaman anneme veda edip yola çıktım.

İzle o zaman Neil... Şampiyon bir koşucu oraya on dört dakikada nasıl koşar göreceksin!

Ne yazık ki biraz hızlı davranmışım, bir köşeyi uçarcasına dönerken neredeyse yaşlı bir teyzeye çarpıyordum. Bir an için Archie'nin evine on dört dakikada ulaşamayacakmışım gibi geldi. Neil'in on beş dakikayı fazla düşünmeden söylediği kanısına vardım, fakat karnımın şimdiden kasılmaya başlamasına rağmen bunu başarmaya kararlıydım.

Yolculuğum çabuk geçsin diye yeni bir düş

baloncuğu kurdum. Baloncuğumda ben koşarken Neil zaman tutuyordu. Elinde kronometresi ile bahçe kapılarının önünde durmuş, heyecanla bağırarak biraz daha hızlı olursam yeni bir rekor kıracağımı söylüyordu. Bunu düşlemek harikaydı, fakat balon birden patladı çünkü viraja son hızla giren bir otomobil kendimi çite yapıştırmama neden olmuştu.

Bu yolda çok fazla viraj olduğu için pek az kaldırım vardı. Annemin bu yola tehlikeli demesine şaşmamalı. En kötü virajların birinde çitlere yaslanıp uzun süre beklemek zorunda kalmıştım.

Sekiz dakikadır koşmama karşın hala önümde uzun bir yol varmış gibi geliyordu, üstelik nefes nefese kalmıştım. Güneş de henüz batmadığından iyice pişmiştim. Bunun üzerine yedinci sınıftaki spor etkinliklerini düşlemeye başladım. Koşularda birinci gelmişim ve Neil, Suky,

Maisie, hepsi birden neşeyle beni alkışlıyorlar. Düşlemesi bile harika! Bunu düşlerken annemi de unutmadım tabii, ancak ben koşarken onun Quentin'le mi yoksa benimle mi olacağına karar veremediğimden onu düşünmekten vazgeçtim. Kısa bir süre sonra bu yaptığım için kendimi kötü hissettim ve annemle Quentin'i beni izlemeleri için uzak bir köşeye koydum. Liam'ın onları görüp görmemesi umurumda değil, çünkü artık hayatımın bir parçası değillerdi.

Archie'lerin iki kapısı var - birisi arabaları, diğeri de kendileri için. Bu kapıları gördüğümde koşmaya başlayalı on iki dakika otuz saniye geçmişti. Durup sırtıma vurma ihtiyacı duydum, fakat enerjimi boşuna harcamamalıydım. Koşmaktan bütün bedenim titriyordu ve şişen dalağım artık acı vermeye başlamıştı. Kendimi son hızla kapıdan içeri attığımda on üç dakika elli saniye olmuştu. Benim yüzümden kapı duvara çarpmıştı, fakat önemli değildi. Neil şaşıp kalacaktı. Soluk almakta zorlanmama rağmen kıkırdamaktan kendimi alamadım. Sonra son enerjimle oldukça dik olan merdivenleri tırmanmaya başladım.

Gorky beni karşılamak için havlayarak birkaç basamak aşağı indi, bu da iyiye işaretti. Gorky bile harika bir şeyin olacağını sezinlemişti. (Köpeklerin bu tür şeyleri hissedebildiklerini duymuştum.) Gorky'yi okşamak için eğilmedim çünkü bir saniye bile yitirmek istemiyordum. Doğruca merdivenleri çıktım, arabalarını park ettikleri çakıl taşlı yolu geçip ön kapıya ulaştım. Suky'nin arabası yoktu, herhalde yakında dönerdi. Saatime bakıp kapıyı çaldım. On dört dakika otuz iki saniye. Eveeeet!

Haydi, acele et...

"Merhaba!" Archie içeri girmem için kapıyı ardına kadar açtı. "Sucuk gibi terlemişsin Billie!

Üstelik domates gibi kıpkırmızı olmuşsun. Aslında kiraz kadar –"

"Hemen babana geldiğimi söyler misin?"

"Ne?" Şaşırmış görünüyordu.

"Geldiğimi söyle yeter!"

Archie'yi itip içeri girdim, az kalsın yere kapaklanıyordum. Archie kapıyı kapatıp babasına seslendi, fakat Neil görünmüyordu.

"Sanırım telefonda."

Yeterince zaman yitirmiştim. Saatimi Archie'nin burnuna kadar sokup, "On dört otuz iki..." dedim.

Kırıştırdığı burnuyla uzun süre saate baktı. "Hayır, saat 19:04," dedi en sonunda. "Hem niye saate bakıyoruz?"

Ne hakkında konuştuğunu anlamadım. "Babana on dört dakika otuz iki saniye sürdüğünü söyle yeter, tamam mı?"

Archie bana öyle bir bakış fırlattı ki, bir gören olsa ona buraya kadar lama sırtında geldiğimi söylediğimi zannederdi. Ona beş pound verirsem daha normal davranabilirdi, bunun üzerine parayı ona uzattım ve bunun annesine alacağı çiçekler için olduğunu hatırlattım.

"Ah, evet." Sanki bozukluk vermişim gibi parayı cebine tıkıştırdı ve yeni bir bilgisayar oyununun tam ortasında olduğunu söyledi.

"Odama gelip bakabilirsin."

Ona bir-iki dakika beklemesini söylemeyi düşündüm, bu süre içinde Neil'in konuşması bitebilirdi. Hatta belki Suky de gittiği yerden dönebilirdi, böylece ona mektubu verirdim. Eve tekrar koşarak dönersem yedi buçukta evde olabilirdim.

"Annen ne zaman dönecek Arch?"

Merdivenleri çıkarken, Archie daha sessiz olmam için parmağını dudaklarına götürdü. "Her an gelebilir," diye fısıldadı. "Şimdi sessiz olmalısın, çünkü Maisie uyuyor. Babam sıcak havanın çarptığını söyledi."

Bu sırada girişte ayak sesleri duydum ve eğilip aşağıya baktığımda Neil'in mutfağa girdiğini gördüm.

"Merhaba Neil," diye seslendim heyecandan titreyen sesimle. "On dört dakika otuz iki saniyede geldim! Yani on beş dakika bile sürmedi! Zili duydun mu?"

Neil kollarıyla daha sessiz olmamı işaret etti ve boğuk bir sesle, "Sessiz ol Billie. Maisie uyuyor," dedi.

Bunun üzerine aşağı inip tekrar söyledim.

"Ah, harika... Aferin sana... Çok güzel..." Fakat konuşurken dikkatini bana vermiyordu. Aslında omzumun arkasından pencereyi gözlüyordu.

"Gorky nerede?"

"Bir dakika önce garajın önündeydi."

Neil ön kapıdan dışarı çıktığında koşarak önüne çıktım. Yine yardım edebileceğim bir iş çıkmıştı.

"Tamam Neil. Aşağı inip bakarım. Endişelenme."

Fakat çakıl taşlı alanı geçip aşağı indiğimde donakaldım.

Her iki kapı da çıktı. Tam bu sırada Neil seslendi, "Kapıyı kapamıştın, değil mi Billie?"

Aklıma hızla içeri girdiğim ve kapının duvara çarptığı an geldi. O sırada saatimi kontrol etmekle meşgul olduğum için kapının kapanmasına dikkat etmemiştim. Üstelik Gorky kaçmasın diye sürekli kapalı tutulduğunu biliyordum!

Korkudan midem kasıldı.

Çok geçmeden Suky'nin arabası süratli bir biçimde geldi. Suky, her zaman yaptığı gibi inip büyük kapıyı kapatmayıp garajın önündeki çakıl taşı kaplı alana girdi. Yanımdan geçerken yüzünü görebildim – bembeyaz kesilmişti. Bu, içimde korkunç bir duygu uyandırdı.

Ne olur Gorky'ye bir şey olmasın.

Ağır adımlarla çakıl taşlarıyla kaplı alanı geçtim. Suky, Neil ve Archie arabanın çevresinde toplanmışlardı. Neil arka koltuğun içine eğilmiş, Archie de onun omzunun ardından olan biteni görmeye çalışıyordu. Onlara doğru yaklaşınca Neil'in sesini duydum, "Billie kapıyı açık bırakmış olmalı," bu sözler üzerine Suky'nin söyledikleri bende bir adım atacak hal bırakmadı. "O aptal kız!"

Kan yüzümden çekilmiş gibiydi. *Ne olur Gorky'ye bir şey olmasın. Ne olur Gorky'ye bir şey olmasın.* Dünya başıma yıkılırken üst kattan gelen pencere sesiyle herkes başını kaldırıp Maisie'nin gözyaşlarıyla dolu yüzünü gördü. Anlaşılan o ki kopan yaygara yüzünden uyanmış ve neler olup bittiğini görmek için pencereye çıkmıştı.

"Gorky arabada kalsın," dedi Neil, Suky'ye kontrolü ele alarak. "Onu hemen veterinere götüreceğim. Sen de telefon et ve yolda olduğumuzu haber ver."

"Kendimi çok kötü hissediyorum," dedi Suky titreyen sesiyle. "Onu öldürebilirdim."

Ölmemiş. En azından ölmemiş.

Neil kollarını Suky'nin boynuna doladı. "Bu senin hatan değildi sevgilim. O arabanın önüne atlamış."

Bu benim hatamdı. Kapıyı ben açık bırakmıştım. Hepsi benim hatamdı.

"Sence kırık kemiği var mıdır?" Bunu soran Arcihe'ydi.

"Bilmiyorum. Bedeninde zedelenmeler olmuş olabilir," dedi Neil arabaya binerken.

Suky eve girmek için döndü, bir an önce

onunla konuşmalıydım. Gerçi ağzım da kilitlenmişe benziyordu ve doğru dürüst konuşup konuşamayacağımdan emin değildim. "Üzgünüm Suky. Kapının kendiliğinden kapanacağını düşünmüştüm. Yani... üzgünüm."

Suky arkasını döndü ve yüzüme bakmadan önce derin bir nefes aldı. Sonra gülümsemeye çalıştı fakat gözlerinden samimi olmadığı belliydi. "Endişelenme Billie. Sanırım iyileşecek."

Maisie hala pencereyi çarpıyordu. "Çabuk yanıma gel anne!" diye bağırdı.

Bunun üzerine Suky aceleyle içeri girdi, Archie de onu izledi. Artık beni evinde isteyip istemediğinden emin değildim. Acaba veda edip evime mi dönmeliydim? Ama hala mektubu vermemiştim...

Elim cebime gittiğinde kanım çekildi. Mektup cebimde değildi.

12 Gerçek?

Neil yola çıktıktan sonra, Archie yeniden bilgisayara dönmeyi önerdi. Bunu söylerken yüzü bembeyazdı. Bu, kendimi daha kötü hissetmeme neden oldu ve bu teklifine cevap bile veremedim. Beynim, zavallı Gorky'ciği nasıl öldürebildiğime ilişkin korkunç düşüncelerle çalkalanıyordu. Kapıyı açtıktan sonra Neil'e ne kadar hızlı koştuğumu göstermek için arkama bile bakmadan hızla yoluma devam etmiştim, bunu yapmamalıydım. Bir iş yapmadan önce iki kere düşüneceğime dair kendime yeni söz vermiştim, fakat çok geçmeden verdiğim sözü bozdum.

"Gorky iyileşecek, merak etme Billie," dedi Archie eve girerken.

Archie beni sakinleştirmeye çalışıyordu, ancak şu andan itibaren hiçbir şey kendimi iyi hissetmemi sağlayamazdı. Benim yüzümden birçok kötü olay yaşanmıştı.

"Merhaba Billie."

Başımı kaldırdım. Maisie merdivenin en üst basamağına oturmuştu. Baş parmağını ağzına götürmüş, diğer eliyle de kucağındaki yırtık pırtık kangurusunu sıkı sıkı tutuyordu. Yüzü biraz lekelenmiş gibiydi.

Suky elinde bir telefon, yüzünde endişeli bir ifade ile mutfaktan çıktı. Doğruca merdivenin altına gelip Archie'yle benim yüzüme bile bakmadan Maisie'ye seslendi.

"Anneciğin acil bir görüşme yapması gerek tatlım, birazdan gelip seninle ilgilenecek, olur mu?"

Maisie karşılık vermedi. O sırada baygın, uykulu gözlerle bana bakıyordu. "Senden sonra saçımın geri kalanını Jenny tamamladı Billie."

Nasıl oldu da sesli bir şekilde yutkunmadım, anlayamadım. Maisie'nin bunu, üstelik bu durumda söylemesine inanamıyordum! Artık işlerin daha kötü boyutlara ulaşamayacağını düşündüğüm anda Maisie'nin sözleri beni yalancı çıkardı. Suky'nin mutfağa dönüp dönmediğini anlamak için başımı arkaya çevirdim. Neyse ki gitmişti. Fakat mutfağın kapısı açıktı. Elimi dudaklarıma götürdüm, Maisie'ye doğru kaşlarımı çattım ve başımı salladım.

"Saçımı senin kestiğini söylemedim ki," dedi parmağını ağzından çıkarmadan.

"Şşş," dedim gülümsemeye çalışarak. Orada durmanın anlamı yoktu. Hemen gitmeliydim. Suky geri gelmeden.

"Artık gitmeliyim," dedim Archie'ye.

"Bilgisayar oyununa devam etmeyecek misin?"

"Hayır, anneme hemen döneceğimi söylemiştim."

Bunun üzerine Archie odasına çıktı. Ben de tam kapıdan çıkmak üzereydim ki, Suky'nin sesiyle arkama dönmek zorunda kaldım.

"Billie, o gün Maisie'nin saçını kesen sendin, doğru mu anlamışım?" Suky'nin gözleri parlıyordu.

Yutkundum.

Gerçek mi yalan mı? Gerçek mi yalan mı? Düşün Billie, düşün!

Eğer gerçeği söyleseydim, bütün planlarım suya düşecekti. Yalan söyleseydim Suky bana mı, yoksa Maisie'ye mi inanırdı? Belki çoktan Maisie'ye inanmıştı bile. Belki de suçumu itiraf etmemi istiyordu. Büyükler bu tür şeyleri hep isterlerdi zaten – sizi gafil avlamak için. Evet, gerçeği itiraf etmek daha iyi olacaktı, tabi sonsuz özürlerimi de katarak.

"Ben, ben, gerçekten çok ama çok üzgünüm Suky. Ben, düşündüm ki –"

Suky'nin sesi sert ve kesindi. "Korkarım ne düşündüğünü umursayacak havamda değilim Billie. Aslına bakarsan hemen annene telefon edip seni almasını söylemeliyim..."

Gözlerim korkudan fal taşı gibi açıldı, fakat hiçbir şey olmamış gibi davranmalıydım. "Telefon etmene gerek yok Suky. Buraya kendi başıma geldim çünkü annem izin verdi, ne de olsa artık on bir yaşında sayılırım."

Suky'nin yüzünde hiçbir ifade yoktu, yalnızca kaşlarını kaldırıp bana baktı. Ağzım kurumuştu. Zaten o sırada kasılmış olan iç organlarım titremeye başladı. Ya Suky *bunun* da bir yalan olduğunu anlarsa...

"O zaman ben gideyim Suky... ve çok özür dilerim... her şey için..."

O da 'güle güle' dedi ve doğruca Maisie'nin yanına gitti. Böylece ben de başım aşağıda, elleri cebimde merdivenleri inmeye başladım. Ellerimi cebime attığımda aklıma mektup geldi ve mektuba ne olmuş olabileceğini düşünmeye başladım. Sanırım buraya gelirken yolda düşürmüş olmalıydım. Hızla gelen arabadan kaçmaya çalışırken kendimi çitlere yapıştırmıştım, o zaman düşmüş olabilirdi. Mektubu kimse bulmadan ben bulmalıydım.

Bütün bedenim erimiş gibiydi, aklımda da çeşitli düşünceler vardı. Aşağı inerken durdum ve yerdeki taşa sert bir tekme savurdum. Her şey ters gitmişti. Gorky'nin yaralanmasına neden olmuştum. Suky benden nefret ediyordu. Belki Neil de nefret ediyordu. Maisie bile beni ele vermişti. O andan itibaren Archie'nin çiçekleri alıp almaması gerektiğinden de emin değildim. Artık "özür" hediyesi olarak çiçek vermenin nedensiz olarak çiçek vermekten farkı yoktu.

Kapıdan çıkıp yerlere bakarak geldiğim yönden yavaşça yürümeye başladım. Bu sırada sırf köpek olduğu için sağa sola bakmadan ve yeşil çarpı işaretinin anlamını bilmeden yolun ortasında dolaşan Gorky'yi düşündüm. Düşüncelerimi, havaya sıçramama neden olan şiddetli bir gökgürültüsü böldü. Gökyüzü neredeyse koyu mavi gri karışımı bir renk almıştı, fakat o sırada gözlerim yolda olduğu için gökyüzünü fark etmemiştim bile. Yağmur her an bastırabilir, bu yüzden sırılsıklam olabilirdim. Saatime baktım. Yediyi yirmi yedi dakika geçiyordu. Evde bir de geç kaldığım için azar işitecektim. Yürüyor olmama rağmen birden boğazım düğümlendi. Durdum. Sonra gözlerim doldu ve yaşlar yanaklarımdan aşağı doğru süzülmeye başladı. Yedi yaşında parmağımı arabanın kapısına sıkıştırdığım günden beri ilk kez ağlıyordum.

Bardaktan boşanırcasına yağan yağmur yüzünden saçlarım ıslanmıştı. Eve gidene kadar sırılsıklam olacaktım. Belki annem beni gördüğünde benim için üzülürdü. Ona, korunaklı bir yerde beklediğim için geç kaldığımı söyleyebilirdim; fakat sonra onu üzülmekten kurtarmak için ıslanmak pahasına da olsa yola devam etmeye karar verdim.

Böylece yeniden yürümeye başladım. On dakika sonra içim dışım tamamen ıslanmıştı. Üstelik bacaklarımın arkaları da sıçrayan çamurlar yüzünden yapış yapış olmuştu. Çok yakınımdan geçen kırmızı bir araba beni iyice çamur içinde bıraktı. Sonra bu araba az ilerden geri dönünce içime bir kurt düştü. İşte bu, annemin yalnız başıma yola çıkmamı istememesinin nedeniydi. *Yabancı tehlikeler.*

Arabanın camı aşağı indi ve bir baş uzandı.

"Gideceğin yere bırakayım, bak ıslanmışsın da."

Bu sesi tanıyordum. Kuaför Jenny, yağmur damlalarının arasından bana gülümsüyordu. Jenny tereddüt ettiğimi gördü, fakat bunun nedeni eğer onun arabasına binersem mektubu bulamayacak oluşumdu.

"Haydi, atla Billie!"

Jenny iyi bir insana benziyordu, arabanın içinin sıcacık olduğunu düşününce hemen bindim.

"Klik klik!"

Jenny, emniyet kemerimi bağlamamı söylüyordu. Tıpkı annemin her zaman söylediği gibi.

Hareket ettiğimizde Jenny'nin yüzüne baktım, hala gülümsüyordu. Aslına bakılırsa kıkırdıyordu.

"Siz gençler palto kaşkol giyme zahmetine katlanmıyorsunuz, öyle değil mi?"

Ne diyeceğimden emin değildim, yüzümün kızardığını hissedebiliyordum. Çünkü bana doğrudan bu yağmurda dışarıda ne aradığımı sormasa bile bunu kastettiği hissine kapılmıştım. Ona koşu antrenmanı yaparken birden yağmurun indirdiğini söyledim. Jenny, anneme beni yoldan aldığını söyleyecek olursa nereden aldığını söylemeyeceğini, yalnızca antrenman yaparken bulduğunu söylemesini umuyordum.

"Ehem, eve kadar götürmene gerek yok Jenny. Zaten yağmurda dinmek üzere."

"Aptallaşma. Evin yolumun üzeri. Seni evin önünde bırakırım."

Olamaz.

Annemin pencerelerin birinden dışarıya bakıp beni görür görmez aşağıya inmemesi için dua etmekten başka yapacak bir şeyim yoktu.

Jenny el frenini çeker çekmez arabadan indim. "Beni arabana aldığın için çok teşekkürler, görüşmek üzere," diye çabuk çabuk konuştum ve bahçeye daldım.

Arka kapıya gidene kadar biraz daha ıslandım, ancak neyse ki artık mutfaktaydım. Annemin kulağında telefon vardı, beni görür görmez telefonu yerine koydu. Yüzü bembeyazdı. "Nerelerdeydin? Endişelenmeye başlamıştım. Dışarıda bardaktan boşanırcasına yağmur yağıyor! Eve niçin gelmedin? Az kalsın Suky'yi arayıp onlara gitmek gibi bir aptallık yapıp yapmadığını soracaktım." Yutkundum. "Neyse ki döndün, boşuna rahatsız etmeyeyim."

Telefonu yerine koydu. İçimden derin bir nefes almak geldi, ancak dikkatini çekmemek için kendimi tuttum.

"Üzgünüm anne... Sanırım biraz uzağa gitmişim. Yağmur başlayınca kendime korunaklı bir yer buldum ve dakikalarca orada bekledim. Yağmur dinmeyince de eve kadar koşmaya karar verdim. Merak ettiğini tahmin etmiştim."

"Tamam, şimdi git ve üzerini değiş. Her yere su damlatıyorsun."

Ben salona girerken Victoria da hızla yanımdan geçip mutfağa girdi. "Merhaba tatlım, sana ne olmuş böyle!" sonra anneme yeni pantolonunu denediğini ve fazla dar olmadığını söylediğini duydum.

"Bu harika şekerim!" dedi annem tiz bir sesle.

Bunun neresinin harika olduğunu anlayamadım. Annem öyle mutlu bir biçimde konuşmuştu ki, bir gören olsa Victoria'ya piyango vurdu zannederdi. Pöh! Bugünlerde benimle o ses tonuyla hiç konuşmuyor.

"Şimdi, buraya neden gelmiştim?" dedi Victoria. "Ah, tamam. Aerobik eşofmanlarımı yıkadın mı? Cebinde bir pound bırakmıştım."

İkinci basamakta donakaldım.

"Şansın varmış – henüz çamaşır makinesine atmadım."

Bir sessizlik oldu. Bu sırada Victoria'nın çamaşır makinesinin yanında dolandığını tahmin edebiliyordum.

"Bu çok ilginç! Parayı bu cebe koymuştum. Kilitli dolabım için saklıyordum. Normalde eşofmanlarımı kirli sepetine atarken parayı diğer eşofmanımın cebine koymayı hatırlardım."

Bozuk paraların çıkardığı şangırtıyı duydum. Annem cüzdanını açmıştı. "Sorun değil şekerim... bende birkaç pound olacak... bekle bir saniye."

Kalbim deli gibi atmaya başladı. "Ama nasıl olur... iki pound'um olduğundan emindim..."

"Önemli değil Emma, birinden ödünç alırım."

"Hayır... hayır. Al şunu. Fakat nasıl oldu, anlamadım..."

Annemin sesi kesildi. Victoria'nın her an gelebileceğini düşünerek yukarıya fırladım.

Bu sırada annemin Quentin'e seslendiğini duydum, "Bir dakika gelir misin hayatım?" Bu, kötü bir şeyin olacağının habercisiydi sanki.

Erken yatmaktan nefret ederim, hele hava henüz kararmamışsa. Ancak görünüşe göre olası bir sorgudan kurtulmanın tek yolu yatağa girmekti. Böylece üzerime geceliğimi geçirip yorganın altına girdim. Gözlerim açık olmasına karşın yorganın altı zifiri karanlıktı. Düş baloncuğum da öyle, çünkü bütün planlarım suya düşmek üzereydi. Üstelik evde de başım beladaydı.

Karanlığın ne kadar karanlık olabileceğini daha önce hiç fark etmemiştim.

13 Adalet

Gece gözüme uyku girmedi. Annem beni kontrol etmek için geldiğinde de uyuyormuş gibi yaptım, böylece beni kayıp paralar konusunda sorguya çekemeyecekti. Neyse ki odaya girdiğinde beni uyandırmaya çalışmadı. Yalnızca sessizce odadan çıkıp gitti. Yine de öfkeliydi. Bunu hissedebiliyordum. Yorganın altından bile. Annem odadan çıkar çıkmaz, sabah para konusu açılınca ona ne cevap vereceğimi düşünmeye başladım. Her şey Quentin'in bir miktar parasının kaybolduğunu fark edip etmediğine bağlıydı. Çekmecelerin üzerinde o kadar çok bozukluk vardı ki, tam miktarı bildiğini sanmıyordum. Eğer biliyorsa, başım büyük belada demektir. Üçü birden aynı anda paralarını kaybolduğunu anlarlarsa bunun suçlusu açık şekilde ben olacak ve her şeyi itiraf etmek zorunda kalacaktım.

Kendimi canavar kediden saklanmaya çalışan, ancak eninde sonunda canavar kedinin eline düşeceğini bilen bir fare gibi hissederek banyoya süzüldüm. Annemin sesini duymam üzerine durdum. Yatak odasında Quentin ile konuşuyordu. Sesi bir fısıltıdan öte değildi.

"Ya şifoniyerdeki bozuklukların? Onları da kontrol ettin mi?"

"Yoo."

Gözlerim fal taşı gibi açıldı. Demek Quentin fark etmemişti. Belki de paçayı yırtmak üzereydim. Kaybolan para hakkında yalan söylemeyi denese miydim acaba?

Fakat tek kelime bile etmeme gerek kalmadı,

çünkü tam kahvaltı zamanında Caroline Nine telefon etti. Annem telefonda o kadar uzun kaldı ki, ahizeyi yerine koyar koymaz aceleyle ev işlerine daldı, kaybolan paraları düşünecek zamanı yoktu.

Bütün bu başıma gelenlerin üstüne okulda yine korkunç bir gün geçirdim. Liam, Archie'nin ortalıkta olmadığı zamanı kollayıp Quentin ve Victoria hakkında atıp tutmaya başladı. Onu duymazlıktan geliyor gibi görünsem de içimden dinliyordum. Bu bana acı veriyordu. Tek düşündüğüm şuydu: *Boş ver Billie, yakında yaz tatili gelecek*. Okulun kapanmasına yalnızca bir hafta kalmıştı, sonra tatile girecektik. Tatilde Liam'ın sihirli bir değnek değmiş gibi iyi bir insana dönüşmeyeceğini biliyordum; ancak eylülde ortaokula geçtiğimizde sınıfa bir sürü yeni öğrenci gelecekti, belki Liam bu yeni gelenler arasında sataşacak başka birini bulurdu.

Bu sırada aile planıma yeniden başlamak için önümde koskoca bir altı buçuk hafta vardı. Bu sefer çok ciddi çalışmalıydım ve eğer sıkı bir şekilde çalışırsam başarabileceğimden emindim. Örneğin, Suky'ye Maisie'nin saçını kesenin ben olduğunu itiraf etmiştim, artık onun gözünde dürüst bir kızdım. Bu iyi bir gelişmeydi. Ayrıca Archie bana Gorky'nin kesinlikle ölmeyeceğini söylemişti. Bu durumda tek yapmam gereken, Gorky veterinerden dönene kadar beklemek ve o döndüğünde önümdeki iki haftalık cep harçlığımla ona bir hediye almaktı. Bu, ben fırlattığımda bana geri getirebileceği bir top olabilirdi. Bunun yanı sıra tatil boyunca Archie'lerde olabildiğince zaman geçirip bu süre içinde sık sık ev işlerine yardım etmeli ve Neil ile birlikte koşmalıydım.

Artık mektubu aramamaya karar vermiştim, çünkü büyük olasılıkla rüzgar onu bir çitin altına atmıştı. Üstelik yağan yağmurla birlikte şimdiye kadar çoktan çürümüş olmalıydı. Hiç sorun değildi, mektupta neler yazdığı aşağı yukarı aklımdaydı ve yenisini yazmam bir dakikamı bile almazdı. Mrs Palmer, bir şey yazarken en iyi sözcükleri kullanmak için aklımızın derinliklerine inmemiz gerektiği konusunda haksız olduğunu fark ettim. Bir şeyleri kaleme almak çok basitti. Yalnızca düşündüklerinizi yazarsınız çünkü. Bunu son yazdığım mektupla kanıtlamış oldum.

"Sen! Otur! Hemen!"

Annem küplere binmişti. Yüzü kireç gibi bembeyazdı, yanaklarını üzerine kırmızı noktacıklar vardı ve dudakları titriyordu. Onu bu halde görünce aklımın içinde düşünceler bir çamaşır makinesi gibi fıldır fıldır dönmeye başladı. Parayı benim aldığımı mı anlamıştı? Suky ona

Maisie'den mi bahsetmişti? Ya da daha da kötüsü, Gorky'den mi?

"Bugün Jenny Grover'a rastladım. Bana dün akşamki yağmurda seni arabasına aldığını söyledi. Archie'lere giden o tehlikeli virajlarla dolu yolda koştuğunu söylediğinde nasıl oldu da kendimi tuttum, anlamadım..."

Durdu. Konuşup konuşmamam gerektiğinden emin değildim. Aklıma söyleyecek tek bir kelime bile gelmiyordu, hem zaten ağzımda konuşmam için yeteri kadar tükürük kalmamıştı. Öylece oturdum.

"...Suky'yi aradım; o da bana dün akşam onlarda olduğunu söyledi..."

Kalbim deli gibi atmaya başladı.

Kendimi annemin avukat olduğu bir mahkemede gibi hissettim. Ağzından çıkan her sözcükle beraber sesi de yükseliyordu.

"...ve bana oraya gitmene *izin verdiğimi* söyledi! Bu kadar açık bir şekilde yalan söylediğine inanamıyorum..."

Bu sırada içeri Quentin girdi, fakat içerideki gergin ortamı görür görmez geri çıktı. Annem öfkeyle kollarını kavuşturdu. Boynunu kocaman bir kaplumbağa gibi bana uzatmıştı. Yeniden konuşmaya başladığında en korkunç bölüme yaklaştığımızı hissettim.

"Ve doğal olarak niçin birdenbire Archie'lere gitmeyi kafana koymuş olabileceğini düşündüm... Suky'ye bu konu hakkında bir şey bilip bilmediğini sordum, o da bilmediğini söyledi. Yalnızca bu sabah Archie'nin odasını toplarken yatağın altında beş pound'luk bozukluk bulduğunu ve bunun seninle ilgili olup olmadığını merak ettiğini anlattı!"

Annem karşımda öfke içinde titreyerek dururken ben de onun karşısında sessizce oturuyordum.

"Ee? Söyleyecek bir şeyin yok mu? Hani olur ya, belki Archie'nin yatağının altındaki paranın benim cüzdanımdan ve Victoria'nın cebinden eksilen paralarla bir ilgisi vardır? Ne dersin?"

Kocaman açılmış gözleri suçlarcasına bakıyordu. Bir şeyler söyleyebilmek için yanaklarımı içeri çekip biraz ağzımı ıslatmaya çalıştım.

"Şey, Archie'ye borcum vardı..." diye başladım söze annemin yüzüne bakarken. Yüz ifadesi değişmemişti. "...bir iddiaya girmiştik de..." Çenesindeki kaslar sarkmaya başlayınca sandalyeye oturdu.

"Devam et."

Fakat kendimi daha fazla riske atamazdım. "İddiaya girmemden hoşlanmadığını biliyorum. Bir daha... yapmam."

Dirseğini masaya koyarak başını elinin üstünde dinlendirdi. "Hepsi bu mu?"

Beynim annemin ne demek istediğini anlamak için epey bir uğraştı. Belki de beni o büyüklere özgü tuzaklarından birisiyle deniyordu. Ya da yeni bir öfke krizine girmeden önce doğruyu söylemem için bana son bir şans tanıyordu. Başımı salladım ve dudaklarımı yaladım, çünkü ağzım gitgide kuruyordu.

Son söylediklerinden sonra yorulmuş gibi, sessizce konuşmasını sürdürdü. "Suky, Archie'nin yatağının altında beş pound'luk bozukluk bulduğunu söyledi. Bu konu üstünde kafa yordum ve cüzdanımdan bir buçuk pound'un eksildiğini, Victoria'nın cebindeki bir pound'u kaybettiğini anladım." Gözlerimin içine bakıyordu. "Doğruyu söyle, bu iki buçuk pound bu evden aldığın tek para mı Billie?"

Gerçek mi yalan mı? Gerçek mi yalan mı?

Quentin parasının eksik olmadığını söylemişti, bu durumda yalan söylemek bir kurtuluş olabilir.

Sonra birden aklıma bir fikir geldi. Çok harika bir fikirdi bu... Parayı Archie'den geri alabilirdim. "Sana ve Victoria'ya geri ödeyeceğim. Söz veriyorum."

"Sorun para değil. Eğer gerçeği söyleyip bizden biraz para isteseydin seve seve verirdik – en azından borç olarak." Öfkesi geri geliyordu. Belki de ağzımı açmamalıydım. "Sorun, parayı çalmış olman ve koşuya gidiyorum diye yalan söylemen! Bir de bu yalanını yok yağmur başlayınca durdum, yok korunaklı bir yere girdim diye dallandırıp budaklandırman! Kim bilir daha ne yalanlar söyledin." Bana bağırmasından en kadar sinirli olduğu belliydi. "Hafta sonu evdesin Billie. Ayrıca önümüzdeki ay harçlık almayı da unut, anladın mı?"

Bunu dedikten sonra sandalyesinden kalktı ve tek başıma kaldım. Kendimi çok kötü hissediyordum.

14 Hileli Kibrit

Cumartesi günü akşamüzeri annem için arka bahçedeki yabani otları temizledim. Öfkesi geçmiş gibiydi, ancak hala parayı aldığım için bana kızgındı. Geçtiğimiz yirmi dört saat boyunca benimle neredeyse hiç konuşmadı. Sanki bu kötü davranışımla onu yormuşum gibi çatık kaşları ve bitkin bakışlarıyla etrafımda dolaşıp durdu.

Pazartesi günü doğum günümdü. Kimseden hediye beklemiyordum, çünkü görünüşe göre herkes benden nefret ediyordu. Aslına bakarsanız Quentin hiçbir şey olmamış gibi davranıyor, her zamanki gibi sıkıcı haliyle işlerini yapıyordu. Victoria benimle para ve diğer konular hakkında konuşmak istedi. Ona yalnızca üzgün olduğumu söyledim. Başka ne söyleyebilirdim ki? Bana sık sık yaptığı gibi sıkıca sarılmıyor, ya da tatlım, canım gibi laflar etmiyordu. Ben odadayken kollarını kavuşturmasından ve anneme daha yakın durmasından tamamıyla annemin tarafında olduğunu anlamıştım. Oldu olacak kendilerine üzerinde *BILLIE'DEN NEFRET EDİYORUM* yazan tişörtlerden alsınlar.

"Bunu gördün mü?"

Quentin, arka kapının eşiğinde durmuş, başıyla gelmemi işaret ediyordu. Aslında gitmeye pek gönlüm yoktu. Quentin'in yakınlarında olduğumda kendimi suçlu hissediyordum. Kendi kendime Quentin'in onun parasını aldığımdan haberi olmadığını hatırlatıyordum, ancak bu bir işe yaramıyordu. Aksine işleri daha da kötüleştiriyordu. Üstelik Puding Tepesi'nde onun hiçbir şekilde babam olmadığını haykırmıştım. Quentin'in yakınlarımda olmasını istemememe karşın bu düşünce beni yiyip bitiriyordu. Söylediklerim beynimin içinde yankılanıp duruyor, duymamak için kulaklarımı tıkamak istiyordum.

Quentin eliyle eşiğe vurunca gidip oturdum. Elinde bir kibrit kutusu vardı. Kutudan bir kibrit çıkarıp yaktı. Ne yaptığı konusunda hiçbir fikrim yoktu. Annem mutfak penceresinden bize hiç de iyi gözlerle bakmıyordu. Dudakları o kadar sıkı büzüşmüştü ki, biri görse annemin limon suyu içtiğini düşünürdü. Quentin'in benimle konuşmaması ve kesinlikle oyun oynamaması gerektiğini bilmediği apaçıktı. Tıpkı herkes gibi o da beni görmezden gelmeliydi.

"Dikkatle izle."

Bana denileni yaptım, çünkü bu otları ayıklamak kadar sıkıcı değildi. Eşiğe rahatça oturabilmek için bir dakika kadar kımıldandım. Kibrit aşağı doğru yanmaya devam ediyordu. Quentin yavaşça üfleyince kibrit iyice kararıp eğildi ve ince bir hal aldı.

"Bunu görüyor musun?"

İki parmağıyla kibritin ucundan tutuyordu. Henüz ortada görecek bir şey yoktu, ama yakından izlemeye devam ettim. Diğer eli, kibritin etrafında ip sarıyormuş gibi yavaşça dönüyordu, ancak ipi göremiyordum. Daha da yaklaşıp kibrit çöpüne yoğunlaştım. Kısa bir süre sonra Quentin hızla ipi çekti ve kibritin ucu ileriye fırladı.

"Bu inanılmaz!" Önce yerde duran kömürleşmiş kibrit parçasına, sonra Quentin'e baktım. Yüzünde oldukça ciddi bir ifade vardı, fakat birden kahkahalarla gülmeye başladı. Kendimi aptal gibi hissediyordum, çünkü olan biten küçük bir hileden başka bir şey değildi. "Bunu nasıl yaptın, anlayamadım."

"Çok kolay!" dedi etrafa tükürükler saçarak. "Bak... tekrar yapacağım..."

Bu kez kibrite daha da yaklaştım ve hiçbir şey kaçırmamak için gözümü bile kırpmadan izlemeye koyuldum. Kesinlikle ip yoktu; fakat hala kibritin ucunu nasıl uçurduğunu anlayamamıştım, üstelik o kadar da yakından bakıyordum. Quentin numarasını tekrar yaparken kibritin ucuna başparmağıyla nasıl fiske vurduğunu açıkladı.

"Ah, anladım!" dedim yavaşça. "Çok zekice, gerçekten. Ben de deneyebilir miyim?"

Quentin'in, kibritlerle oynamak için çok küçük olduğum gibi bir şeyler söyleyeceğini sanıyordum, ancak beklediğimin tersine kibritleri bana uzattı. Bir tanesini yaktığımda, çok çabuk yanıp bitmesin diye kibriti nasıl yana doğru eğeceğimi gösterdi. Sonra elime hayali ipi aldım.

"Evet... biraz bekle... etrafına sar... yavaşça... ve çek!"

Quentin'in dediklerini harfi harfine uyguladım ve başardım.

"Hey! Başardım! Bir kez daha yapabilir miyim?"

Fakat tam bu sırada annem mutfak penceresini açıp sert bir dille konuştu. "Otları ayıklaman gerektiğini sanıyordum Billie."

"Yalnızca mola verdi," dedi Quentin.

Annem başını sallarken yüzündeki şaşkınlığı okuyabiliyordum. Pencereyi kapatmadı, sanırım konuştuklarımızı dinleyecekti. Böylece Quentin'in kuralları çiğneyip bana karşı iyi davranıp davranmadığını görecekti. Quentin bana karşı iyi miydi? Hım, evet, öyle de denilebilir. Bana iyi davranıyordu.

Bunları düşünürken aklıma kendimi on kat kötü hissetmeme neden olan bir şey geldi. Puding Tepesi'nde dediklerimden sonra Quentin'in bana karşı iyi olmasını istemiyordum. Söylediğim bu korkunç şeyleri duymamak için içimden kulaklarımı tıkamak, başımı sallamak ve gözlerimi kapamak geldi. Aklımdan ona aslında ondan nefret etmediğimi, yalnızca babam olmak için uygun insan olmadığını düşündüğümü söylemeyi geçirdim, ancak bu sözler bir kase suyun içine düşen yağ damlacıkları gibiydi. Kendi başlarına suda yüzen, asla birleşmeyen sözlerdi bunlar.

Gözlerimi çimenlere dikmiştim. "Archie'nin babası Archie'nin küçük kız kardeşi için papatyalardan kolye yapmıştı," diye kaçırdım ağzımdan. Bu, söylemek istediğim şeyle alakalı bir şey değildi, fakat yine de bir şeydi.

"Hoşuna gitmiş olmalı."

"Evet, o hoş biri. Archie'nin babası."

"Archie şanslı bir çocuk olmalı."

"Evet. İyi bir koşucu – babası yani, Archie değil."

"Evet, annen bahsetmişti."

"Benim de iyi bir koşucu olduğumu düşünüyor."

Kaşlarımı çattım ve ne dediğimi düşündüm. *Gerçekten öyle mi düşünüyordu? Neil hiç bana iyi bir koşucu olduğumu söylemiş miydi?*

"Buna şaşırmadım, gerçekten iyi koşuyorsun."

Quentin'e bakmak için başımı çevirdim. Bu söylediğine şaşırmıştım.

"Sen nereden biliyorsun?"

"O gün Puding Tepesi'ne koşarak çıkarken seni izlemiştim. Oldukça iyiydin."

"İstersen bir kronometre alalım, böylece ben koşarken sen de zaman tutarsın!"

"İyi fikir."

"Kronometre alabilir miyiz?.. Doğum günü hediyesi olarak yani."

Sanki o an dünyadaki en önemli şey bir an önce kronometre sahibi olmaktı. Bir an için kendimi Quentin'in kolunu tutarken ısrarla gözlerinin içine bakarken buldum. "Çok pahalı olmazlar, değil mi?"

"İki buçuk pound civarında olurlar herhalde," dedi Quentin gözlerimin içine bakarak.

İki buçuk pound. Ne? Bu sözler dev bir kaya parçasının gölün ortasına düşmesiyle aynı etkiyi yarattı. O kadar istememe karşın Quentin'e arkamı çeviremedim. Bir şey beni engelliyordu. İşte, giderek zayıflayan bu korkunç sözcüklerin yankıladığı bahçede yüz yüzeydik. Elimi dirseğinden çektim. Onu böyle sıkı sıkıya tuttuğum için biraz utanmıştım. O da tıpkı sizden yanıt bekleyen biri gibi, hafifçe kaşlarını kaldırdı. Fakat gözleri bir yanıt beklemiyordu, çünkü yanıtı zaten biliyorlardı. Bunu konuşmasından anlamıştım. Quentin, onun parasını aldığımı biliyordu. Hem de başından beri. O zaman annem ona sorduğunda niçin doğruyu söylememişti? Niçin başımın biraz daha belaya girmesini istememişti? Yanıt bulamadığım tek soru buydu.

"Bekleyip pazartesi günü neler olacak görelim, olur mu?" dedi hafifçe gülümseyerek. Sonra kalktı, arkasını dönerek eve girdi.

Bir an onun gitmemesini istedim. Belki bana birkaç numara daha gösterebilirdi... göstermese bile... biraz daha benimle kalmasını istiyordum.

"Bir... bir mızrak daha yapabilir miyiz?"

"Korkarım köpeklere bakmam gerek."

"Köpeklere mi? Köpek mi alacağız?"

Quentin kıkırdayarak içeri girdi. "Hayır, bu bir deyim. Şimdi dışarı çıkmam gerek anlamında yani."

Kendimi komik duruma düşmüş gibi hissederek öylece arkasından baktım. Arkasını dönüp bana baktı ve sıcak bir şekilde gülümsedi. "Çok geç kalmam."

Tam olarak ne zaman geleceğini soracaktım ki, telefon çaldı.

"Ah, merhaba Suky!" Annemin pencereden gelen sesini duydum. "Nasılsın? Gorky nasıl?"

Suky! Hayır olamaz!

Bu şoku atlattıktan sonra çimenlerin arasına dalıp malayı kaptım. O anda otları ayıklamak bana dünyanın en güzel işiymiş gibi geldi. Ona yardım ediyorken annemin bana yeniden patlaması pek olası görünmüyordu. Beynim yine çamaşır makinesi gibi çalışmaya başlamıştı. Aklım zaten Quentin'le ilgili düşüncelerle doluydu, bu yetmezmiş gibi yeni sorunlarla karşılaşıyordum. Demek annem Gorky'nin başına gelenleri biliyordu. Bu korkunçtu. Bana niçin bu konu hakkında bir şey dememişti?

Malayı toprağa saplayıp otları kökünden söktüm. Dünya ot ayıklama rekorunu kırmaya çalışan profesyonel bir ot ayıklayıcısından daha hızlı ot ayıklıyordum. Böyle hızla çalışırken Suky'nin telefonda o kadar zamandır neler anlatıyor olabileceğini ve annemin masal dinliyormuşçasına sürekli neye 'evet' dediğini düşünüyordum.

Bir dakika kadar sonra evetler sona erdi ve annem kısık, biraz da utangaç bir tonda konuşmaya başladı. Daha iyi duyabilmek için nefes bile almıyordum.

"Aslına bakarsan hafta sonunda cezalı... ah, anlıyorum... evet, sanırım öyle olabilir... evet, haklısın. Pazartesi günü."

Doğum günümü mü kastediyordu? Ne hakkında konuşuyorlardı? Hiçbir şey kaçırmamak için birkaç adım daha yaklaştım, fakat konuşmanın geri kalanında annem yalnızca "Kendine iyi bak," ve "Görüşmek üzere," dedi.

Annemin yaklaştığını görünce mermi gibi çimenlerin arasına fırladım.

"Arayan Suky'ydi."

Kızarırım diye yüzüne bakmadım.

"Zavallı Gorky'nin başına gelenleri anlattı."

Gene bakmadım.

"Hayvancağızı veterinere götürmüşler, çünkü Suky yanlışlıkla ona çarpmış..."

Donakaldım.

"Heyecanlanma, kırık kemiği yokmuş, yalnızca birkaç yeri zedelendiğinden sargıya almışlar... her neyse, veteriner Gorky'yi muayene ettiğinde hayvanın tıpa yutmuş olduğunu fark etmiş ve hiç zaman yitirmeden tıpayı çıkarmışlar; ellerini çabuk tutmasalarmış Gorky ölebilirmiş. Anlayacağın iyi ki Suky ona çarpmış!"

Yavaşça yerden kalktım, ağzım bir karış açılmıştı. Bu sırada annem gözünü uzaklara dikmişti. "Bazen bu gibi şeylerin kader olduğunu düşünüyorum," dedi.

Bana daha önce böyle şeyler söylemezdi. Sanırım artık büyüdüğümü düşünüyordu. Bu harika bir şeydi.

"Haklısın," dedim yavaşça. "Çünkü... kader tesadüf gibi bir şey, yalnızca daha büyük, öyle değil mi?"

Annem uzaklara bakmayı bırakıp anlamlı bir şekilde bana baktı. "Evet... evet, iyi bir saptama." Sonra hiç beklemediğim bir şey yaptı ve bana sımsıkı sarıldı. Annem oldukça yumuşak ve sıcaktı. "Suky, Archie'yi buraya getirecek. Sana doğum günün için hediye almışlar, fakat Suky başına bir şey gelir diye Archie'nin hediyeyi pazartesi günü okula götürmesini istememiş, birkaç dakikaya kalmaz burada olurlar."

Bunu söyledikten sonra annem içeri girdi ve ben de ot ayıklama işini bitirdim. Bir şeyler değişmişti fakat nedenini bilmiyordum. Değişikliğin *nerede* olduğunu bilmiyordum. Annemde miydi yoksa Quentin'de mi? Yerde miydi havada mı? Yoksa içimde mi?

15 Büyük Sürpriz

Suky'nin arabasının sesini duyduğumda odamdaydım. Onun geldiğini pencereden gördüm, fakat aşağı inmedim. Hem utanıyor, hem de korkuyordum. Onu son gördüğümde bana o kadar kızgındı ki, nerdeyse güle güle bile dememişti. Archie elinde gümüş kağıda sarılı bir paket tutuyordu. Doğum günü hediyemin düşüncesi bile kendimi iyi hissetmemi sağlamamıştı. Bu hediye, Suky'nin buraya gelip benim hakkımda bütün kötü şeyleri doğrudan anneme anlatmak için kurduğu bir oyun olabilirdi. Havanın sıcak olmasına karşın ürperdim.

"Billie! Geldiler!" diye seslendi annem aşağıdan. Gitmem gerekiyordu.

Mutfağa girdiğimde "Merhaba!" dedim, ancak Suky'nin yüzüne bakamadım. Çok utanıyordum. Archie hediye paketini bana uzattı.

"Sağ ol Arch."

"Aaa, bir hediye!" dedi o sırada merdivenlerden aşağı inmekte olan Victoria. "Aç da içinde ne varmış bakalım Billie."

Gümüş renkli kağıdı yırttığımda paketin içinden sert kapaklı, çok şirin bir defterle çıktı. Defterin kapağı, üzerinde sarı çiçekler olan, koyu ve açık yeşil tonlarında kadifemsi bir kumaşla kaplıydı. Sayfaların tertemiz ve bembeyaz olması çok hoşuma gitmişti.

"Hey, teşekkür ederim!" dedim tekrar, fakat bu kez Suky'nin yüzüne bakmıştım. Yüzünde en ufak bir gülümseme görmeyi ummazken o bana neşeyle gülümsüyordu. "Bu deftere bütün..." durdum. Aklımdakileri nasıl açıklayabilirdim ki?

"Bütün düş ve düşüncelerini yazarsın," diye tamamladı Archie benim yerime.

"Evet," dedim. "Defterimin kapağına üzerinde *Billie'nin Önemli Düş ve Düşünceler Kitabı* yazan bir etiket yapıştırırım. Evet, böyle yapacağım."

Annemle Suky'nin birbirlerine baktıklarını gördüm. Sonra Suky, "Belki büyüyünce bir yazar olursun Billie," dedi.

Bunu üzerine omzumu silkerek, "Ya da bir koşucu," dedim.

"Evet, iyi bir koşucu olduğunu biliyorum..."

Bunun sözlerden sonra beni utandıran bir sessizlik oldu. Büyük olasılıkla annemle Suky, Archie'lere kadar koştuğum günü düşünüyorlardı.

Victoria o canlı sesiyle sessizliği bozdu. "Her

neyse, sen nasılsın Archie? Uzun zamandır görüşemiyoruz."

"İyiyim, sağ ol."

"Herkes otursun lütfen," dedi annem. "Çaydanlığı ocağa koyacağım. Billie bahçe işlerinde bana yardım ediyordu."

"Gerçekten mi? Bir bakayım," dedi Suky. "Haydi Billie, bana yolu göster!"

Suky tamamıyla normale dönüşe gibiydi. Kızgına benzemiyordu. Archie bu sırada kendini Quentin'in dergilerinden birine kaptırmıştı, ben de Suky ile beraber dışarı çıktım. Bu kulağa komik geliyordu, çünkü daha az önce buradaQuentin'leydim. Farkına varmadan içinde Suky'nin kibrit oyununu oynadığı bir düş baloncuğuna daldım. Bu doğru olmazdı. Suky kibrit oyunlarına yakışmıyordu.

"İşte şu bölümü temizledim," diyerek parmağımla gösterdim, aklıma söyleyecek başka bir şey gelmiyordu.

Suky söylediklerimle ilgilenmiyor gibiydi. Konuşmak üzere boğazını temizledi. "Billie..." *Eyvah...* "Sana Gorky meselesi yüzünden üzülmemeni söyleyecektim. Annen onu iyi ki veterinere götürdüğümüzden bahsetti mi?"

Otları ayıkladığım yer toprak içindeydi. Ayağımla toprakları çukurlara yerleştirdim ve doğal olarak Suky'ye bakmadım. "Evet."

Anneme bütün bunların garajın önünde olduğunu söylediği için Suky'ye teşekkür etmem gerektiğini biliyordum, onun sayesinde annem bunun benim suçum olduğunu bilmiyordu. Fakat ne diyeceğimi bilmiyordum.

"Ve ayrıca Archie, bana Maisie'nin saçını zamanımı almamak için kestiğini anlattı... Bunu daha önce fark etmemiştim..."

Gözlerimi topraktan ayırmadım. "Evet..."

Suky güzel şeyler söyleyip işleri yoluna koymaya çalışıyordu, benim de ona doğru dürüst karşılık vermem gerekiyordu, fakat şimdi kendimi konuşacak gibi hissetmiyordum.

"Ve Billie..." Gözümün ucuyla, fermuarlı cebinden bir şey çıkardığını gördüm. Ne olduğunu daha iyi görmek için başımı çevirmemle beraber midemin kasıldığını hissettim. Bu, kaybettiğim mektuptu. Ne kadar kirlenmiş ve buruşmuş olsa da, bu benim mektubumdu.

BILLIE'DEN SUKY'YE.

Mektuba bakıp ne demem gerektiğini düşündüm, ancak aklıma söyleyecek bir şey gelmiyordu. Yüzümün kızardığını hissettim, keşke mektubu geri alabilseydim. Suky'yle kesinlikle aile planı hakkında konuşamazdım. Aslında kendimi daha önce hiç bu kadar çaresiz hissetmemiştim, bu konuyu açmanın tam sırasıydı ancak nedenini bilmesem de bunu yapamazdım. Sanırım Suky'nin görünümü buna etki etmiş olabilirdi. Üzerindeki beyaz bluz ve mavi ojeli ayak tırnaklarıyla anne görünümü yoktu. Bana sarıldığını düşledim, ancak zayıflığı nedeniyle benim annem kadar sıcak ve yumuşak olacağını sanmıyordum. Ben eskiden Suky'nin görünümünden hoşlanırdım. Şimdi ne değişti? Kendimi anlayamıyorum.

Suky öksürdü. "Ben... şey... zavallı Gorky'ciği görüp arabadan indiğimde yolun kenarında bunu buldum. Cebime koydum ve o andaki telaşla sana vermeyi unuttum. Bugün aklıma geldi."

Kalbim deli gibi çarpıyordu. Yerdeki toprağa resmen tekmeler atıyordum.

Aceleyle sözlerine devam etti. "Ancak mektubu açmadım, çünkü gerçekten bana ait olduğundan emin değildim. Yani, sınıfındaki bir Suky'ye yazmış olabileceğin bana daha mantıklı geldi..."

Hızla başımı kaldırdım. Suky söylemem için en güzel sözcükleri seçmişti.

"Evet, onun için! Suky için... okuldaki Suky. Pazartesi günü verecektim."

Mektubu bana verdi ve onu pantolonumu cebinin derinliklerine doğru ittim.

"Güzel," dedi. "Bu iş de çözüldü o zaman!"

Biraz kızardığımı hissettim. Bu konuşmanın bittiğine sevinmiştim, çünkü beni bayağı utandırmıştı.

"Burada iyi iş çıkarmışsın Billie, tebrik ederim!"

Pili bitmek üzere olan bir robot gibi başımı salladım. Neyse ki tam o sırada beni aramakta olan Archie geldi.

"Haydi odana çıkalım Billie."

Bunun üzerine Suky annemi bulmak için içeri geçti, biz de Archie'yle birlikte odama çıktık. Çok rahatlamıştım.

Holden geçerken Quentin'in yaptığı mızrakla karşılaştık. Annem onu masanın üzerinde unutmuş olmalıydı. Archie mızrağı eline aldı. "Hey, çok güzel. Kim yaptı?"

"Şey... Quentin..."

"A doğru, bahsetmiştin bundan. Çok ilginç. Uçurabilir miyiz? Yani, uçabilir mi? Çok güzel görünüyor."

O pili bitmiş robot hissi hala üzerimdeydi, bu yüzden sesim boğuk çıktı. "Uçması için bizim bahçeden daha büyük bir alan gerek."

"Doğru, geçen sefer Puding Tepesi'ne gitmiştiniz, değil mi? Gel oraya gitmek için izin alalım. Haydi."

"Annem izin vermez, biliyorum."

"Peki Quentin ne zaman gelir?"

"Bilmem ki... çok geç gelebilir. Hem annem izin verse bile size gitmeyi tercih ederim, orada daha çok eğleniriz bence."

Archie burnunu kıvırdı. "Ne? Mızrak uçurmak daha eğlenceli olur sanıyordum. Keşke babam buna benzer bir şey yapabilse. Ama aklının ucundan bile geçmez. Quentin gelince ondan bizi Puding Tepesi'ne götürmesini isteyelim."

Puding Tepesi'nde Archie, ben ve Quentin'i düşledim. Bir yanda da Liam ve çetesi bize bakıp Quentin ile alay ediyorlardı. Kendi kendime kaşlarımı çattım. Archie'nin bu durumda ne cevap vereceğini düşündüm. Herhalde bir şey demezdi, o sırada başka bir mızrağı fırlatmakla meşgul olurdu. Liam'ı duymazlıktan gelmek Archie için kolaydı tabi. Üvey babasından utanan o değildi çünkü, öyle değil mi? Gerçi artık Quentin gözüme o kadar kötü görünmüyordu. Belki de kibrit oyunu yüzünden. Ya da belki... neden bilmiyorum. Gözüme kötü görünmüyor, o kadar.

"Gidip annene Quentin'in ne zaman döneceğini sorsana Billie."

Bunun üzerine robot gibi çalışan bacaklarımla aşağı indim. "Anne, Quentin ne zaman dönecek?"

Annem gizemli ve komik bir şekilde gözlerini sağa sola çevirip, "Bekle ve gör!" dedi.

Neler olduğunu anlamadım. "Söyleyemez misin?" dedim.

"Sanırım her an gelebilir." Sonra öne doğru eğildi. "Aslına bakarsan Suky, Quentin bugünlerde koca bir çocuk gibi davranıyor."

Tekrar yukarı, Archie'nin yanına dönerken annemin ne hakkında konuştuğunu merak ettim, çünkü Quentin'in koca bir çocuk gibi davrandığı filan yoktu.

"Hey, Billie! Bak!" Archie penceremden eğilmiş aşağı bakıyordu.

"Geldi mi?"

"Hayır, ancak annelerimiz niye bahçe kapısında bekliyorlar? Neler oluyor?"

Olan bitene göz atmak için pencereye yaklaştım ve büyük bir sürprizle karşılaştım: Liam, Josh ve Tom yolun aşağısındaydılar.

"Gidip neyi beklediklerini öğrenelim Billie, haydi!"

Bunu der demez Archie ok gibi merdivenlere fırladı. Ancak hiçbir güç beni aşağı indiremezdi. Tam bu sırada güçlü bir uğultu geldi ve neler olup bittiğini görmek için camdan eğilip yolun aşağısına baktım. Sonra kulağıma bu uğultuyu bastıran Victoria'nın sesi geldi. "Geldi! Babiiişşşşşş!" Victoria durduğu yerde zıplamaya başlayınca annemle Suky de ona ayak uydurdu. Liam onlara bakıyordu. Sonra başını kaldırdı; bakışlarından kurtulmak için çok geçti, beni görmüştü.

"Babiiişşşşşş!" diyerek Victoria'yı taklit edince Josh ve Tom gülmeye başladı.

Fakat uğultu gitgide artıyordu. Gülmeyi kesip bu sesi neyin çıkardığını görmek için etrafa bakındılar. Onların gözlerini takip ettiğimde, niçin birden gülmeyi kesip donakaldıklarını gördüm. İşte orada, göz kamaştıran siyah ve altın rengindeki metaliyle bir uzay gemisini andıran kocaman bir motosiklet virajı dönmüş bize doğru geliyordu.

Annemle Suky heyecandan birbirlerine sarılmışlardı. Archie, aşağı gelmem için bana bağırıyordu. Victoria ise küçük bir kız gibi omuzlarını kaldırıp yumruğunu ağzına sokmuş bir şekilde bekliyordu. Motosiklet tam bizim evin önünde durdu. Motorun arkasında büyük, altın harflerle yazan sözcükleri okuyabiliyordum... *HONDA GOLDWING.*

Ve orada, devasa siyah koltukta kafasına büyük siyah bir kask takmış, baştan aşağı deri giyinmiş üvey babam, Quentin oturuyordu.

16 Süper Makine

Herkes motorun etrafına koşmuş, heyecanla birbirleriyle konuşuyorlardı. Ancak Quentin motoru kapatmadığı için tek bir kelime bile duyamıyordum. Çıkan ses kulaklarımı tırmalıyordu. O sırada aşağıda olmayı diledim, ama Liam yüzünden inemiyordum. Onun da ileri doğru birkaç adım atmış olduğunu fark ettim, bahse girerim daha da yaklaşmak için yanıp tutuşuyordu. Diğer bir yandan Josh ve Tom hala çitin yanında duruyordu.

Bu motosiklet de nereden çıkmıştı? Kafam almıyordu. Hem Quentin'in onun üstünde ne işi vardı? Birden aklıma mutfaktaki dergiler geldi.

Quentin'in yalnızca motosiklet dergileri okuduğunu düşünmekle hata etmiştim anlaşılan. Demek gerçekten de onları kullanıyormuş! Üstelik eski model motosikletleri değil, yepyeni bir Honda Goldwing. Bunu inanılmazdı.

Annem arkasını döndü. "Aşağı gel Billie!"

Sesi son derece yüksek çıkmıştı, çünkü tam o sırada Quentin motoru kapattığından her şey eski sessizliğine bürünmüştü. Bu, herkesin annemi duyduğu ve kafalarını kaldırıp bana baktıkları anlamına geliyordu. Quentin bile.

"Evet, gelsene Billie!" dedi Victoria.

Liam'a baktım. Hala motosiklete bakıyordu. Çok şaşırdığı her halinden belliydi. Bu motosiklete binip bir tur atmak için her şeyini vereceğinden emindim.

"Haydi, gelsene!" diye bağırdı Archie de.

Quentin kaskını çıkardı, gözleri parlıyordu. "Bir tur atalım mı Billie?"

Anneme baktım. Başını salladı. Bütün bunlar inanılmazdı. Eminim Quentin olmasaydı, benim motosiklete binmeme hayatta izin vermezdi. Demek ki Quentin annemi bunun güvenli olduğu konusunda ikna etmişti.

Ayaklarımdan başlayıp her yanımı saran tatlı bir ürperti kafamın içinde küçük, parlak çanları hareket ettirmişti. Gözümün ucuyla baktığımda Liam'ın başını kaldırıp bana baktığını gördüm, fakat ben ona bakmadım. Sanki bu küçük çanlar bana güç veriyordu.

Quentin'e kocaman gülümseyip başımı salladım.

Pöh! Senden korkmuyorum Liam Compton.

"Gel o zaman!" dedi Quentin ve arkasından bir şey çıkardı. Bunun, başka bir kask olduğunu anlamakta gecikmedim, fakat biraz küçüktü. Kası bana salladı. "Bunu özel olarak aldım!"

Kalbim heyecanla çarpıyordu. Öyle ki, sanki durduğu yer ona dar geliyor, diğer organlarımı itiyordu. Bu sırada ben de Liam'a bakmaktan kendimi alamıyordum. Tam göz göze geldiğimiz bir sırada Liam başını eğdi. Sihirli çanlar gerçekten işe yarıyordu. Hızla odamdan dışarı fırladım, merdivenleri koşarcasına indim ve ön kapıdan çıkıp Quentin'in yanında bitiverdim.

"Hoş bir sürpriz, değil mi Billie?" dedi Victoria kollarını bana dolayarak.

Hızla başımı sallamakla yetindim.

"Babacık uzun zamandır para biriktiriyordu Billie. Somerset'te yaşarken çok güzel bir motosikleti vardı, ancak buraya taşınınca satmak zorunda kaldı..."

Annem arkamdan yaklaşıp elini omzuma koydu. "Haydi tatlım."

Liam'a baktım. Gözlerini motosikletin üzerinden ayıramıyordu. Bu bana, Maisie'nin büyük bir iştahla kolaya bakarkenki gözlerini anımsattı. Ben bunları düşünürken Quentin kaskı bana uzattı.

"Annenden erken bir doğum günü hediyesi," dedi. "Bu sıradan bir kask değil."

Anneme baktım, çünkü kaskın ne özelliği olduğunu anlayamamıştım.

"İçinde bir mikrofon var canım," dedi gülümseyerek. "Onun sayesinde motosiklete bindiğinizde birbirinizle konuşabilirsiniz! Quentin'inkinde de mikrofon var!"

"Süper!" dedi Archie.

Ben anneme sıkı sıkı sarılırken Quentin motoru çalıştırdı. Motor o kadar çok gürültü çıkarıyordu ki neredeyse kulaklarımızı tıkayacaktık. Fakat henüz motosiklete binmek istemiyordum. Bunun doğru olmayacağını düşünmüştüm çünkü daha öncesinde yapmam gerekenler vardı.

"Quentin..."

"Evet?"

"Mızrak var ya..."

"Evet?"

"En az bu motosiklet kadar güzeldi..."

Beni anlamış gibi yavaşça başını salladı.

"...ve... ve kibritlerle yaptığın gösteri de harikaydı," diye devam ettim.

Quentin anlamlı gözlerle bana bakıyordu.

"Demek istiyorum ki... üçü de... hepsini çok beğendim." Durumu iyi açıklayabildiğimden pek emin değildim. "Yani..."

"Tamam Billie. Ben anladım." Gözlerinden, beni anladığını okuyabiliyordum.

"Şimdi kasklarımızı deneyelim, hı?"

Benimkini biraz zorlanarak da kafama geçirdim ve motosiklete tırmandım. Bu çok güzel bir duyguydu. Sonra kollarımı Quentin'in beline doladım ve başımı sırtına dayadım.

İki saniye sonra hızla yola çıktık. Arkamdan, beni gülümseten neşe dolu sesleri duyabiliyordum. Ben de arkamı dönüp Liam'a sırıttım. Yüzündeki kıskançlık dolu ifadeyi görmek çok eğlenceliydi.

Motosiklete binmenin bu kadar güzel bir duygu olacağını beklemiyordum. Motosikletlerle ilgim yoktu. Fakat bu sihir gibi bir şeydi. Panayır alanlarında bindiğim atlıkarıncalardan trilyon kez eğlenceliydi. Hızla Puding Tepesi'ni geçerek daha önce hiç geçmediğim yollardan geçtik. Bu yolculuk hiç bitmesin istiyordum.

"Eğleniyor musun?" dedi Quentin'in sesi kaskımın içinden.

Bunun üzerine güldüm, çünkü kendimi telefonla konuşuyormuş gibi hissetmiştim. "Süper!" dedim. "Liam kıskançlığından çatladı!"

"Hani şu sınıfındaki çocuk?"

"Evet. Çetesi olan." Bu şekilde konuşmak hiç fena değildi. "Aptalın teki."

"Bak bu konuda haklısın," dedi Quentin.

Başka bir şey demedim. Yalnızca dik bir şekilde oturup Quentin hızlanırken kendi kendime gülümsedim.

Geri döndüğümüzde herkesi bıraktığımız gibi bulduk. Liam, Josh ve Tom yolun aşağısında dolanıyor, motosikletle ilgilenmiyormuş gibi yapıyorlardı. Güzel. Ailemize karışmalarını istemiyordum. Victoria'nın elinde bir kask vardı. Sanırım bunu gardırobunda ya da başka bir yerde saklıyordu, çünkü odasına girdiğimde bunu hiç görmemiştim. Kaskın yüzeyinde çizikler vardı ve bizimkiler gibi parlamıyordu. Demek ki bu kask uzun zamandır ondaydı.

"Benim sıram mı? Evet değil mi?"

Quentin başını salladı. "Atla!"

Victoria'nın motosikletin arkasına binmeye alışkın olduğunu söyleyebilirim, çünkü motor hareket eder etmez kollarını havaya kaldırıp, "İşte bu!" diye bağırmıştı, annem, Suky ve Archie de çılgınlar gibi ona eşlik ediyorlardı. Liam ve diğerlerinin gitmekte olduklarını gördüm ve "En sonunda!" dedim. Beni duymuş olmalarına olanak yoktu.

"Çok haklısın," dedi annem bana sarılarak.

Liam'ı tanıdığını bilmiyordum. Fakat eğer Victoria ve Quentin ona Puding Tepesi'nde olanlardan söz etmişlerse Liam'ın kim olduğunu tahmin etmiş olabileceğini düşündüm. Öyle ya da böyle, bunu bilmiş olduğuna sevindim ve ben de ona sarıldım. Quentin ve Victoria geri dönene kadar bu halde kaldık.

17 Paylaşma

Çok çok sonra, Suky ve Archie gittiklerinde, kendimi odamda oturmuş, karşımdaki duvara bakarken o gün olanları düşünürken buldum. Birden, arka cebimdeki mektup aklıma geldi. Mektubu cebimden çıkarıp masanın üzerine koydum. Ona bakarken kızardığımı hissettim.

BILLIE'DEN SUKY'YE

Bundan kurtulmalıydım. Artık aklımda aile planı diye bir şey yoktu. Aslına bakarsanız bu plan bir düşün parçasıydı sanki. Hayal değil.

Gerçek bir düş. Fakat ne olursa olsun, bu mektuba ihtiyacım olmayacaktı. Bu, aptalca bir düşünceden başka bir şey değildi. Mektubu çöp kutusuna atarken donakaldım. Zarfın arkasında bir değişiklik vardı. Zarfın arkasını yapıştıran seloteypte bir farklılık göze çarpıyordu fakat bunun ne olduğunu bulamamıştım. Sonra farkına vardım. Bu, geniş ve parlak bir seloteypti; benim yapıştırdığım gibi kabuklu değildi.

Bunu görür görmez bacaklarım titremeye başladı. Acaba Suky mektubumu mu açmıştı? Buraya gelmesinin nedeni bu muydu? Sonra midem bir yo-yo gibi bir aşağı bir yukarı sallandı. Annemle dakikalarca telefonda bu konuyu mu konuşmuştu?

Hayır, bu olamazdı. Bir telefon görüşmesine hem Gorky'nin öyküsünü hem de bu mektupta yazılanları anlatamazdı, değil mi? Hem zaten

Suky anneme onun tek kızının kendisini başka bir ailenin evlat edinmesini istediğini söyleyemezdi, yanılıyor muyum? Hayır, bu çok zalimce olurdu.

Fakat annem de üzgün görünüyordu, değil mi?

Evet, ama bu telefon konuşmasından önceydi.

Gerçekte neler olduğunu bulmaya çalışırken aklımı yitirecektim. En sonunda sormadan bir yere varamayacağımı anladım, aynı zamanda olan biteni açıklama tehlikesiyle karşı karşıya kalmak da istemiyordum. *Yapabileceğim* tek bir şey vardı. Aşağı inip, annemle Quentin'e artık bu ailenin bir üyesi olmaktan vazgeçmek gibi saçma sapan hayaller kurup kendimi eğlendirdiğimi, ama artık böyle bir şeyi kesinlikle düşünmediğimi anlatmaya çalışacaktım. Evet, böyle bir şeyi düşünmüyordum. Kesinlikle. Ve bunun nedeni Quentin'in o Honda Goldwing'i alması değildi.

Kalkıp odamdan çıktım. Victoria'nın odasından gelen tuhaf sesler üzerine merdivenin üst basamağında durup dinlemeye başladım. Sanki içeride birisi ağlıyordu, fakat bu Victoria olamazdı. O yetişkin biriydi. Kulağımı kapıya dayadığımda ağlayanın o olduğunu fark ettim. Gerçekten hıçkıra hıçkıra ağlıyordu. Bu durum beni de üzdü, acaba sorun neydi? Yetişkinlerin ağlaması bana oldukça korkutucu geliyordu, bu yüzden aşağı inip annemi çağırmanın doğru olacağını düşündüm ve aşağı inip mutfağa daldım. Ancak annem mutfakta değildi. Oturma odasına baktığımda, pencereden annemle Quentin'in dışarıda olduklarını gördüm. Sırtlarını açık pencereye dayamış, duruyorlardı. Quentin kolunu annemin omzuna dolamıştı. Herhalde yine gün batımını izliyorlardı, bunu bazen yaparlardı çünkü. Gökyüzünün ortasında kenarlarında mor lekeler ve çizgiler olan parlak, pembe bir portakal vardı.

"Yalnız başına kalmasının doğru olacağından emin misin Quentin? Onun öyle yalnız başına üzgün bir halde odasına kapanmasına dayanamıyorum," diyordu annem.

"Bunu kendi kendine aşacaktır." Quentin'in sesi ciddiydi. "Zorluklarla karşılaştığında hep böyle yapar."

Annem karşılık vermedi, başını Quentin'in omzuna dayamakla yetindi. İkisi de hareket etmeden batan güneşi izliyorlardı. Arkamı dönüp üst kata çıktım.

Merdivenin sonunda ne yapacağımı bilemeden uzun süre bekledim. Quentin, Victoria'nın başının çaresine bakabileceğini söylerken kendinden oldukça emindi; fakat gelen seslere bakılırsa Victoria bunu pek başaramıyordu. Belki kapıyı tıklatsam iyi olurdu. Eğer isterse gitmemi söylerdi zaten. Hem moralimin bozuk olduğu zamanlarda ben de ona böyle yapmıyor muydum? Tamam, moralimin bozuk olduğu zamanlarda demeyelim - daha çok kızgınken. Şimdi kendimi bu yüzden suçlu hissetmiştim. Eğer Victoria benim gitmemi isteseydi bunu hak etmiş olurdum. Aslına bakarsanız beni kovmasını istiyordum, böylece bir dahaki sefere kendimi suçlu hissetmezdim.

Aklımdan bu düşünceler geçerken kapıyı tıklattım ve Victoria ağlamayı kesti. Kapıyı açmadan önce uzun bir sessizlik oldu ve gülümseyen bir yüzle karşıma çıktı. Gözleri ağlamaktan şişmiş ve kıpkırmızı kesilmiş olmasına karşın hiçbir şey olmamış gibi görünmeye çalışıyordu.

"Şey... iyi misin diye merak ettim," dedim.

Ağlarken yaptığımız o insanı ürperten nefeslerden birini aldı ve kapıyı ardına dek açtı. "Biraz saçmalıyorum galiba, hepsi bu."

İçeri girdim. Ne diyeceğimi bilmediğim için susmaya devam ettim. Victoria yatağına oturdu ve yanına oturmamı işaret etti.

"Bugün..." dedi titrek bir ses tonuyla, "sekiz yıl önce bugün... annem öldü..."

Farkında olmadan içimi çektim. Midem alt üst olmuştu sanki. Aklım karışmıştı. Victoria'nın annesi ölmüştü ve benim bundan haberim yoktu. Annesi nerede diye öğrenmeye bile çalışmamıştım. Quentin'in boşandığını sanıyordum. Sekiz yıl önce... Victoria şimdi on sekiz yaşında, demek ki annesi öldüğünde o on yaşındaymış. *On yaşındaymış!* Yani benimle aynı yaşta. Ah, zavallı, zavallı Victoria. Ona biraz daha yaklaştım ve tıpkı biraz önce annemin Quentin'e yaptığı gibi başımı omzuna yasladım. Konuşamıyordum, çünkü boğazım düğümlenmişti.

"Aptalca, değil mi? Yani böyle ağlamak, sırf

bir tarih yüzünden?" dedi yumuşak bir ses tonuyla.

Başımı sallayıp "hayır" demeye çalıştım, çünkü kesinlikle bu aptalca değildi. Sonra konuşmam gerektiğini hissettim ve ben küçükken annemin bana dediği bir şeyi anımsadım.

"Ağlamak iyi gelir, içindeki tüm kötülükleri temizler."

Birden Victoria beni kendine doğru çekince onu daha da üzen bir şey söylediğimi sandım. Fakat kaşlarını çatıp derin bir düşünceye dalmış olduğunu gördüm. "Bu gerçekten çok güzel bir öğüt, Billie. Hiç böyle düşünmemiştim."

O an kendimle gurur duydum, fakat bu benim düşüncemmiş gibi davranmak doğru olmazdı. "Aslında bu annemin düşüncesi. Caroline Nine bana peri kanatları verdiğinde sanırım üç yaşındaydım. O zamanlar bu kanatlarla uçabileceğimi düşünmüş ve evimizin çatısına çıkıp kanatlarla kendimi boşluğa bırakmıştım. Tabii ki yere düşüp bilek kemiğimi kırmıştım."

Victoria yutkundu. "Çok acımış olmalı," dedi.

"Hastaneye gidene kadar ağlamadım. Hemşire, ağlamamamın çok normal olduğunu, canımın çok yanıyor olması gerektiğini söyledi. Annem de ona uçamadığım için ağlıyor olduğumu söyledi. Annem haklıydı, kafamın nasıl çalıştığını çok iyi bilir o."

Victoria'nın omuzları inip kalkmaya başlayınca yine ağlayacak diye düşündüm. Ancak yüzüne baktığımda güldüğünü gördüm. "Bana çok iyi geldin, Billie! Seni çatıdan atlarken düşünüyorum da! Kendimi ne kadar iyi hissettirdin, farkında mısın? Kötü şeyleri tekrar tekrar düşünmekten vazgeçip güzel şeyleri anımsamalıyım, haksız mıyım?"

"Ben de sürekli kötü şeyleri düşünüyorum."

"Gerçekten mi? Yalnız olmadığıma sevindim." Bunu söyleyip derin bir nefes alırken yine ciddileşmişti.

"Başına vurulmuş gibi oluyorsun, öyle değil mi?" dedim.

Başını salladı. Yanağından süzülen yaşları gördüm. "Özür dilerim," dedi. "Ağladığım için yani. Çok aptalca."

"Ağlaman beni rahatsız etmez," dedim, artık rahat rahat ağlayabilirdi. Sonra Quentin'in az önce Victoria hakkında söyledikleri aklıma geldi. "Gideyim mi Victoria?"

"İstersen..."

"Hayır, gitmek istemiyorum... belki yalnız kalmak istersin diye düşünmüştüm."

"Hayır, yanımda olman hoşuma gidiyor. Kendimi daha iyi hissediyorum."

Onun kendisini nasıl iyi hissetmesini sağladığımı bilmiyordum, komik bir şey dememiştim ki.

"Emin misin?"

Yanıt olarak elimi tuttu. Bu, beni annemle Quentin'in nikahında ilk kez elimi tuttuğu o güne götürdü. O zaman bunu yaptı diye ondan nasıl nefret etmiştim. Fakat şimdi...

...şimdi farklıydı.

Fakat bu duruma aldırmıyordum.

18 Balonun Patlayışı

Harika bir doğum günü geçiriyordum. Victoria bana bir sözcük oyunu almıştı, fakat aerobik dersine gitmek zorunda olduğu için masada annem ve Quentin'le yalnız kalmıştık. Birlikte çay içtik, annemin o leziz kurabiyelerinden yedik. Sonra kocaman çikolatalı pastamdaki on bir mumu bir üfürüşte söndürdüm.

"Sanırım hediyemi açma zamanı," dedi Quentin birdenbire. "Korkarım hediye paketleme konusunda pek becerikli değilim!"

Paket umurumda bile değildi, yalnızca hediyenin ne olduğunu merak ediyordum. Ve hediyemi görür görmez sevinçten tüylerim diken diken oldu.

"Hey! Bu harika!" Quentin'e baktım, o da bana göz kırptı.

Ben de ona göz kırptım. Bu hiç de aptalca değildi, çünkü aramızda küçük bir sır vardı.

"Artık Quentin sen koşarken dakika tutabilir," dedi annem.

"Evet," dedim gümüş kronometreyi elimde sıkı sıkı tutarken. "Tutarsın, değil mi?"

"Bunun için sabırsızlanıyorum, Billie."

Gözlerinde tanıdık bir ifade vardı. Bu ifadeyi daha önce nerede gördüğümü düşündüm. Hatırlayınca çok şaşırdım, çünkü bu gözleri gerçekte görmemiştim. Bu gözler, düş baloncuklarımın birinde Neil'in bana baktığı gözlerdi. Fakat şimdi gerçekti, Neil'in değil, Quentin'indiler. Bunun çok tuhaf olduğunu biliyordum, fakat yine de hoşuma gitmişti.

Şimdi geriye annemle Quentin'e yazdığım mektubu vermek kalmıştı.

İki gün önce Victoria ile konuştuktan sonra odama geri döndüğümde aşağı inip saçma sapan düşlerimi annemle Quentin'e anlatmayı unuttuğumu hatırlamıştım. O zamandan beri bu işi başka bir şekilde halletmeyi düşünüyordum. Konuşmak yeterli olmayabilirdi. Yazmalıydım. Hem Mrs Palmer ne demişti?

"Düşüncelerini kaleme aldığın zaman, yazdıkların söylediklerinden daha etkili olur."

Bunun üzerine çalışma masama oturup bir mektup yazmıştım.

Şimdi de kalbim kaburgalarımı dövüyordu, çünkü mektubu anneme uzatmıştım. "Bu mektubu size yazdım. Çünkü düşündüm ki, bazen yazmak konuşmaktan daha etkili olabilir."

Annem ve Quentin şaşkın gözlerle birbirlerine baktılar. "Bir mektup mu? Bize mi?" diye sordu annem; çok şaşırmış gibi bir hali vardı.

"Evet... açınca görürsünüz... bazı şeyleri... açıklıyor..."

Parmağımı yalayıp tabağın içindeki bir kek kırıntısına batırdım ve ağzıma götürdüm. Tabakta birkaç kırıntı daha vardı, onlar mektubu okurken bütün kırıntıları bu şekilde yedim.

Annemin boğuk sesi, kırıntıları yemeyi bırakıp ona bakmama neden oldu. "Ah, Billie..." Gözyaşları yanaklarından süzülürken dudakları titriyordu.

Quentin, annemin elini tutmak için sandalyesini onunkine yaklaştırdı, sonra diğer elini bana uzattı. Hiç düşünmeden ona doğru koştum, fakat yanında başka bir sandalye olmadığından ve on bir yaşında olmama aldırmadığımdan dizine oturdum. Tam bu sırada bütün o aile planım aklımdan çıktı, havada süzülerek evi terk etti ve çok uzaklara gitti. Aklıma annemin başını Quentin'in omzuna dayadığı gün batımı sahnesi geldi. Düş baloncuğumda bu sahnedeydi, süzülerek gökyüzünde ilerliyordu. Pembe portakalın ortasına geldiğinde patladı ve ondan geriye hiçbir şey kalmadı. İşte tam bu sırada bedenimde bir rahatlık hissettim, artık her şeyin güzel olacağına emindim.

Bu bir esinlenmeydi!

Billie'nin Önemli Düş ve Düşünceler Kitabı

1. Hiç bir çikolata kutusunun içine baktınız mı? Bütün çikolataların tam kendi şekillerinde küçük bölmelere yerleştirildiğini bilir misiniz? Bunun komik bir düşünce olduğunu biliyorum, fakat adınızın Çilekli Çikolata olduğunu ve etrafınızda sizin gibi bölmelerinde oturan pek çok çikolatayla birlikte yalnızca size özel o küçücük yerde yaşadığınızı düşünün bir.

Şimdi de, bunun yerine Karamelli şekerleme ya da Türk lokumu olmak istediğiniz için üzülen bir Çilekli Çikolata olduğunuzu düşünün. Bu sırada öfkelenmekte haklısınız, çünkü kutunun diğer ucundaki Fındıklı Çikolata, Vişneli Şekerleme'nin yanında oturduğunuz için sizinle dalga geçiyor ve Vişne hakkında atıp tutuyor.

Bir başka gün, kutunun içinde başka bir bölmeye girmeye çalıştığınızı düşünün. Kesinlikle oraya uymazsınız, çünkü kutudaki her bir bölme tam da oraya ait olan çikolatanın şeklinde yapılmıştır. Bu yüzden hareket etmenin bir anlamı yok. Bulunduğunuz yeri beğenmekten başka yapacağınız bir şey yok. Ayrıca kendi kendinize, "Vişneli Şekerleme ile aramda bir sorun yok. Hem olsa bile, Fındıklı Çikolata?nın dediğinin ne önemi var? Fındıklı işte, ne olacak?" da diyebilirsiniz.

On yaşındayken bunları anlayamıyordum. Fakat şimdi anlıyorum. Bunun çikolatalarla bir ilgisi yok zaten.

2. Quentin ve annem bu sabah bana

önemli bir haber verdiler. Bu, son zamanlarda duyduğum en iyi haberdi. Kendi aile planları üzerinde çalışıyorlarmış ve bu planın amacı beni evlat edinmekmiş. Böylece Quentin artık benim üvey babam değil, gerçek babam olacak. Bu dünyadaki en iyi plan bence. Bu yüzden bu olayı buraya yazdım.

3. Artık benim adım Billie Stubbs olmayacak. Artık o...

BILLIE CRAWFORD

BILLIE CRAWFORD

BILLIE

CRAWFORD

BILLIE CRAWFORD

BILLIE CRAWFORD!

olacak!..

Midilli Tutkunu Prenses
Prenses Ellie imdada Yetişiyor
6+
TÜRKİYE İŞ BANKASI
Kültür Yayınları
Diana Kimpton

Süperdedektif
Damian Drooth'un
maceraları:

KAYIP KIZ

POP YILDIZININ DÜĞÜNÜ

İŞTE ÖYLE HİKAYELER
MERCAN ADASI
OSCAR WILDE
MUTLU PRENS
BİR EŞEĞİN ANILARI
80 GÜNDE DÜNYA GEZİSİ
KÜÇÜK PRENSES